Franck LIGNER

22 ans après

Ego Regard

Franck LIGNER

22 ans après

Ego Regard

© 2020 LIGNER, Franck

Édition : BoD – Books on Demand, 12/14 rond-point des Champs-Élysées, 75008 Paris

Impression : BoD - Books on Demand, Norderstedt, Allemagne

ISBN : 9782322224210

Dépôt légal : Septembre 2020

Je me souviens qu'un beau matin, j'ai décidé de devenir un être humain.

J'ai cherché tout autour de moi le soutien nécessaire pour y parvenir. . . . . sans résultat.

Mais quand, déçu, je me suis retourné vers moi, j'ai découvert que le secret de la réussite m'attendait là, peinard à l'intérieur, . . .

                                            . . .en moi.

PREFACE

POURQUOI 22 ANS APRES : " EGO REGARD ".

J'ai écrit ce livre en 1998 pensant que ce serait un support nécessaire aux nombreux stagiaires que j'ai eu l'occasion de voir passer, en stages d'insertion dans la vie sociale et professionnelle après des accidents, attentats ou des maladies affectant gravement les possibilités d'une vie normale.

Il s'avère que, 22 ans après, ce livre est d'une criante vérité et peut encore réveiller les hauts responsables de notre société. De nombreux lecteurs et stagiaires ayant lu et utilisé ce livre comme support m'ont alerté et demandé de rééditer mon ouvrage, car ils le trouvaient pertinent et d'actualité pour aider un grand nombre de citoyens, perdus dans les mensonges de nos élites.

J'ai donc décidé de ressortir 22 ANS APRES : " EGO REGARD ".

L'objectif n'est plus tout à fait semblable, même si il peut avoir des vertus thérapeutiques pour certains. Mais, je pense qu'il sera un miroir sans concession pour les hommes politiques et les êtres qui se prennent pour des élites, qui s'expriment et batifolent sur le n'importe quoi dans nos médias. Le plus triste est lorsqu'un élu de Troufignole sur crapauds ou un réalisateur de je ne sais quoi nous explique en long, en large et en travers, ce que devraient faire les ministres, voire le Président de la république en cas d'épidémie ou de pandémie comme le coronavirus. Je vous en supplie messieurs les "je sais tout" fermez vos grandes gueules et laissez la parole aux vrais sachants.

Il est vrai qu'en relisant "EGO REGARD", je me demande quand les grands de notre monde décideront de mettre leur cerveau au niveau des êtres qu'ils ont appelé les "sans dents" et qu'on appelle aujourd'hui dans les couloirs de l'Assemblée nationale : "le bas peuple révolté". Leurs oreilles doivent siffler plus que trois fois, car le train de la connerie a oublié de s'arrêter. Je crois qu'il est temps, grand temps, de secouer les méninges de ceux qui ont malheureusement le cerveau vide et les poches pleines. Je ne compte pas faire beaucoup d'argent avec ce livre, mais je pense qu'il faut, en ces temps difficiles, s'entraider afin de ne pas rester bloqués à la gare de la bêtise humaine là où nos élites nous ont abandonnés. Ceci étant, n'oubliez jamais que la lecture que vous allez faire s'est posée sur le papier il y a maintenant 22 ans !!!

Je vous souhaite bonne lecture et ne regrettez surtout pas d'avoir vieilli : rien n'a changé…

REMERCIEMENTS

J'adresse une pensée amicale et particulière au millier de stagiaires qui m'ont, à leur insu, permis une observation fine de l'être humain. Je n'oublierai pas l'assistance, la collaboration et la compétence de Brigitte LAFFEZ, sans qui ce livre n'aurait jamais vu le jour. Un grand merci à la société forme impériale et à ses dirigeants, Viviane et Philippe NEFF, pour leur soutien sans retenue.

Enfin, un grand coup de chapeau pour mes enfants, Vanessa et Lilian, pour leur compréhension et la patience énorme qu'ils ont déployées pendant que je jouais à l'auteur.

AVANT-PROPOS

Mon regard se promène sur la société actuelle et mon cœur saigne en voyant que les êtres sont aujourd'hui devenus dépendants à leur insu. Dépendants de tout, les hommes fuient les responsabilités, ils connaissent de plus en plus leurs droits mais s'éloignent de plus en plus de leurs devoirs.

Les hommes sont censés naître libres et égaux en droits pourquoi ne le sont-ils pas face au devoir ?

Sans espoir, ils errent dans le quotidien, le tumulte de la vie moderne, s'isolant d"eux - même, se détachant petit à petit de leur autonomie.

Seuls parmi la foule, ils vagabondent paumés dans le présent, nostalgiques du passé enfui, effrayés par les lendemains incertains dont ils ne se sentent pas maîtres.

Pourquoi en sommes nous là ?

Je crois que la réponse réside au fond de chacun de nous, le mal qui nous envahit ne peut se soigner que par l'être qui le ressent. En chacun de nous réside le meilleur médecin de soi, pour soi, le seul laboratoire capable de fabriquer le médicament parfaitement adapté à notre souffrance personnelle.

Mais faire son propre diagnostique relève de l'exercice de haut vol quant on est dans l'incapacité de pouvoir s'étudier soi-même et que l'on tombe dans les griffes coûteuses des psy-quelquechoses, des astrologues en culottes courtes, des voyants en crise de cécité ou des maniaco-thérapeutes.

Je ne parle pas ici des vrais qui nous sont parfois d'un grand secours, encore faut-il trouver les bons. Car les honnêtes, les efficaces sont aujourd'hui noyés dans l'immensité du charlatanisme et, faire son choix relève souvent de la roulette russe.

Contrairement à certaines idées reçues, ce ne sont pas le fric et le cul qui régissent le monde, mais bien l'angoisse volontairement entretenue par les gens qui manipulent les pantins que nous sommes, accrocs de sensations médiatisées.

Peu sûrs de nous, ayant une confiance très fragile aux autres, orphelins de l'espoir nous cultivons avec grande attention toutes nos peurs :

- du lendemain,

- de perdre son emploi,

- de vivre seul,

- que les enfants se droguent !

- de la maladie,

- de faire face etc...

Le mal est entré dans chacun des esprits grâce a la méthode, si connue, du docteur COUE qu'appliquent au quotidien les médias en nous traumatisant avec :

- les annonces de grèves à répétition,

- la croissance du chômage,

- l'endettement sans cesse croissant, dans notre pays.

- la montée de la violence dans les banlieues,

- la maladie,

- les détournements d'argent,

- la perte de crédibilité de nos élus, et leur côte de dépopularité,

- etc...

La charge d'informations négatives que peut véhiculer la presse, la radio et la télévision poussent à croire que ceci est voulu et est diffusé dans le simple but de nous anéantir psychologiquement afin que le premier venu, porte-parole de n'importe quel mensonge, soit générateur d'espérance.

La dépendance au petit mieux, aux faux espoirs commence à faire son œuvre, ne soyons pas dupes, chacun doit faire sa propre révolution avec son être et lutter contre l'envahissement de lui-même par le négatif.

J'ai simplement écrit les pages qui suivent dans un seul et unique objectif :

Vous éclairer sur le moyen d'être vous, de croire en vous, d'avoir confiance en vous, pour peut-être aider les autres à en faire de même.

J'ai profondément la foi en ce que renferme cet ouvrage et je suis persuadé que, comme moi, vous éprouverez le désir de vous prendre en charge, de vous regarder à l'endroit et d'avoir une image plus juste de vous, pour prendre en main votre destin et votre avenir.

Ne soyez pas effrayés, ce livre ne renferme aucune données scientifiques dépassant votre capacité de compréhension. Ce n'est pas non plus un endoctrinement quelconque, c'est simplement le reflet de la vie que l'on peut se faire si on en a le réel désir.

Prendre le chemin du lendemain en toute quiétude, en s'accompagnant de soi, devient alors un beau programme.

INTRO

Je n'ai aucune autre prétention que de tenter de mettre à la disposition de chacun de vous, mes réflexions et le résultat de mes differents travaux concernant la découverte de soi. Il est evident que tous les médecins, psychiatres, psychologues, psychanalystes, formateurs et chercheurs que j'ai rencontrés dans ma vie, m'ont toujours tenu des propos hautement scientifiques difficilement abordables pour le commun des mortels.

Est-ce pour préserver la supériorité de celui qui sait, pour maintenir les autres dépendants de l'homme qui détient la science ?

Pourquoi ces gens n'affichent-ils pas le parler simple ?

Alors, j'ai développé, depuis maintenant plus de dix ans, des théories que j'ai testées auprès de plus d'un millier de personnes de tous âges et de tous niveaux sociaux, qui je pense représentent un panel suffisamment large.

Fort de ces expériences, je tente aujourd'hui, de vulgariser mes études et le fruit de mes recherches. Il est évident que ce qui est développé dans cet ouvrage, n'est ni un cours, ni la présentation philosophique d'une alchimie de méninges. C'est tout simplement un mode de réflexion qui permet à tout un chacun de se voir autrement, face à lui-même.

Pour espérer avancer sur le chemin de la vie, il faut définir avant tout, le ou les objectifs à atteindre.

Si un voyageur ne connaît pas sa destination, il peut vagabonder à la cueillette de découvertes. Mais ces dernières, étant présentes dans chaque fraction de seconde de son voyage, il lui sera impossible de pouvoir les utiliser intelligemment et d'en tirer profit.

En effet, un être peut cumuler, accumuler des informations, les stocker, sans connaître leurs futures utilisations, mais il court alors le risque d'encombrer sa mémoire par des perceptions inutiles au détriment de données utiles. Celles-ci pourraient peut-être servir à l'élaboration d'un programme prédéterminé.

Pour conduire une voiture, il faut au minimum savoir comment celle-ci fonctionne, avant de la faire démarrer. Puis, il faut apprendre à conduire avec les autres et parmi les autres. A partir de ce moment là nous pouvons seulement espérer nous insérer dans le flot de la circulation routière.

Il en est de même pour la conduite de soi et de son devenir.

Bien que certains aient plus d'expériences que d'autres, la seule habitude ne fait pas la différence, il faut impérativement savoir s'adapter aux divers styles de conduite.

De plus l'évolution même de l'automobile fait que demain un minimum de connaissances en informatique sera nécessaire.

Mais avant toute chose, regardons si nous avons seulement songé à nous poser les bonnes questions.

Où souhaitons-nous piloter, et dans quelle catégorie souhaitons-nous être reconnus ?

- Tourisme

- Affaire

- Rallie

- Cross

- Karting

- Formule 3 000

- F1 ?

Et si vous choisissez l'une de ces catégories, la formule 1 par exemple, une autre série de questions doit logiquement vous venir immédiatement à l'esprit :

- Suis-je capable de piloter une formule 1 ?

- En ai-je les moyens et les capacités ?

- En ai-je vraiment envie ?

- Et au détriment de quoi ?

Puis on se perd un peu dans l'ensemble de nos réflexions et dans les multiples conseils que peut prodiguer notre entourage, si toutefois nous avons eu la bonne idée de lui demander son avis.

On tente alors de faire le point avec soi-même, et là, commencent les difficultés de la prise d'une décision, car le choix d'une réponse se trouve parasitée par tout ce qui a été précédemment exposé et notre cerveau s'embrouille.

C'est alors que surgissent deux questions qui paraissent tout à fait primaires :

- que savons-nous de nous, aujourd'hui ?

- que pouvons-nous espérer, demain ?

Je peux dès maintenant vous affirmer que :

Vous n'obtiendrez que ce que vous souhaitez obtenir à condition de mettre en œuvre et de contrôler l'ensemble des vecteurs qui feront aboutir vos objectifs. La manière et le chemin qui mèneront au résultat seront conditionnés par la force et la volonté que vous investirez dans vos projets, et par l'ampleur de la confiance que vous aurez en vous pour les concrétiser ».

Pour tenter de faire aboutir vos objectifs quels qu'ils puissent être, encore faut-il que vous les ayez clairement définis.

Tout ce qui suit peut, si vous l'exploitez en l'adaptant à votre personnalité, vous aider à les projeter, à les visualiser et à les définir en vue de leur concrétisation.

Sachez néanmoins que je m'appuie tout au long de ces pages, sur des situations, schémas ou constats que j'utilise çomme des déclencheurs ou bases de réflexion. En aucun cas je ne les prends pour des vérités scientifiques.

Aujourd'hui il est important de savoir s'auto-gérer. Le contexte social et l'environnement économique ne doivent plus autoriser la dépendance. Et pourtant chacun de nous devient de plus en plus dépendant, à son insu, de tout un tas de choses de plus en plus perverses, comme je l'ai déjà précisé avant et qui sont les dépendances affectives, financières, sociales, psychologiques, professionnelles, médiatiques, médicales ou, à tout autre artifice compensatoire illustré par les sectes, la drogue, la cigarette, le café, etc.,...

Le contexte socio-économique rend l'être de plus en plus fragile, craintif et peu sûr de lui jusqu'à lui faire dégager, à contrario, une forte agressivité. Ceci se constate surtout chez les adolescents ou les exclus du monde de l'emploi qui vivent sans avoir l'impression d'être entendus car aucune oreille réellement attentive ne se met à leur écoute.

La prise de responsabilité n'existe plus à l'heure actuelle, le rejet est systématique. Celui qui veut un tant soit peu réussir doit impérativement sortir des dépendances, se prendre en charge, gérer son autonomie.

Cela ne doit pas se traduire pour autant par l'isolement, car dans ce monde actuel nul ne peut se prévaloir de fonctionner sans les autres.

J'entends à longueur de temps et partout.

"communication _ partenariat"

Mais sommes nous sûrs de vraiment communiquer et d'être de vrais et bons partenaires. Il est important avant tout de ne pas être dupe de la dite communication. Il faut savoir observer avec l'ensemble de ses sens, savoir les utiliser au maximum.

J'ai constaté que nous sommes dotés, dès notre naissance de sept sens, ce qui remet serieusement en cause ce que j'ai pu apprendre à l'école.

Ne soyez pas inquiets, je vous presenterai un peu plus tard les deux petits nouveaux.

Lorsque nous recevons des informations, il faut faire scrupuleusement la part des choses entre ce que sont des faits réels et ce qu'est la pure interprétation.

Quand, par jeu, je demande à mes stagiaires de m'expliquer la différence entre les faits et les interprétations, ça tourne en général à la franche rigolade.

Il suffit que je définisse avec eux que :

« Un fait est la constatation ou la description d'un état que personne ne peut contester. »

Le fait est l'arme la plus redoutable pour la communication car il la tue par le silence qu'il génère.

Il est d'ailleurs amusant de constater que les médias fuient la vérité et les faits pour la simple et bonne raison que ces derniers désarçonnent le cheval de bataille sur lequel ils sont assis.

Je regrette aujourd'hui qu'on ne nous ait jamais appris à l'école les bases de la communication humaine.

On nous a appris à lire, à écrire, à parler peut-être juste, mais jamais nous n'avons vu un maître de primaire ou de secondaire, nous expliquer le simple schéma dit "E.R.C" de la communication avec l'Emetteur, le Récepteur et le Canal, ni nous faire un cours sur les différences entre les faits et les interprétations.

Force est de constater que même la justice y cherche souvent ses petits, face aux ténors de l'interprétation que nous révèlent les affaires judiciaires aujourd'hui.

Pourquoi ces simples matières si fondamentales au siècle de la communication ne figurent-elles pas encore aux programmes de l'éducation nationale ?

Nous ne serions peut-être pas aussi démunis aujourd'hui, nous serions peut-être plus vigilants, cela obligerait les faiseurs d'informations à ne pas bonimenter pour nous faire avaler des couleuvres.

Tout ne serait plus un leurre et notre cerveau serait moins encombré d'interrogations dont les réponses ne sont que doute. Nous raisonnerions probablement plus juste.

Attention car nous pouvons penser, aujourd'hui, que la vérité n'est que l'art de faire croire au mensonge ?

Si nous abordons le thème par sa base, je crois qu'il est temps que les grands hommes arrêtent de gérer la vie de nos enfants aussi mal que leurs états ou leurs carrières égoïstes. Les petites têtes blondes ne sont pas le jouet de leurs fantasmes d'arrivistes déprimés. Les ados d'aujourd'hui n'ont le choix qu'entre la bêtise humaine (qui est une drogue politicienne dont les grands sont en overdose), et les hallucinogènes ou autres palliatifs hypnotiques qui leur bouffent les neurones et la vie.

Avant de chercher à lutter contre les conséquences analysons les causes de cet état qui nous pollue la vie et nous paralyse.

Jetons ensemble un œil dans le miroir de la vie et regardons en être humain, que nous devrions être, les mécanismes de l'éducation, de la communication, de la créativité et du savoir être qui ressemblent trop à ce jour à des châteaux de cartes en plein séisme.

Posons-nous les questions suivantes :

- Pourquoi dès la naissance l'être humain, à l'état pur, est déjà manipulé ?

- Pourquoi, dès la primaire, l'enfant est déjà détourné ?

- Pourquoi dès son entrée dans le cycle dit secondaire le pré adolescent a-t-il à 70% son chemin de « non-insertion dans la vie active » d'établi ?

- Pourquoi vers 18 ans il y a systématiquement deux voies définies par l'ampleur du porte-monnaie familial ?

- Pourquoi les études dites supérieures débouchent-elles sur des emplois sous-qualifiés sous-payés, voir même sur le chômage?

_ Pourquoi l'adulte vit-il au quotidien une déstabilisation perverse et permanente de la part des politiques, des médias et des structures professionnelles, qui défendent à grands coups de mensonges leurs bastions ?

- Pourquoi les créatifs sont-ils aussi pauvres en création ?

- Pourquoi les vieux pauvres s'éteignent-ils dans la solitude et l'abandon, et les vieux riches dans l'étouffement de la non communication ?

Nous ne ferons qu'une réponse globale a toutes ces questions :

Parce que les grands hommes le veulent !

Alors, soyez sûr que les lignes qui suivent ne vous sont pas destinées, Messieurs les grands hommes.

Elles vous le seraient si un éclair de génie venait à vous pénétrer, et que frappés par les remords vous vous décidiez à renier vos mensonges et à prendre le chemin de la communication vérité qui doit normalement régir les échanges entre les êtres.

Oui Messieurs, la chasse aux menteurs est ouverte !

Je suis sûr que chaque seconde qui nous rapproche de la fin de ce millénaire vous fait trembler davantage, car :

« vous n'êtes pas sans savoir que : »

comme l'aurait dit une pionnière de la chronique radiophonique, Geneviève TABOUI, « dès l'aube de l'an 2 000 vos masques d'illusion se décomposeront au rythme de vos mensonges. »

Les faits actuels le démontrent, vous tombez les uns après les autres dans des réglements de comptes qui prouvent au monde entier à quel point vos âmes sont souillées.

Mais il est peut-être encore temps que vous appreniez à apprendre, que vous fassiez la grève de l'annonce lyrique trompeuse et théâtrale pour enfin vous mettre a l' écoute de la vérité de l'être.

Vous prenez tous vos habits de parade, pour défiler joyeux sur le soi-disant terrain, à l'écoute du Peuple. Mais que retenez-vous de ces experiences puisque vos décisions ne sont conditionnées que par l'intérêt de ne pas destabiliser votre position.

Vous ne devez pas écouter ce qui peut rendre positive la vie de demain, mais entendre ce qui peut rameuter le plus grand nombre d'électeurs afin que votre siège renforce son assise.

Tendez mieux l'oreille et vous serez surpris de constater que la vérité et les solutions sont peut- être dans la tête des gens qui ne veulent pas se montrer grands.

Le pouvoir n'est pas synonyme de savoir. Nul être sur notre terre ne peut prétendre posséder ce dernier dans sa totalité, même si son parcours a été long et fructueux. La culture intellectuelle seule réduit le champ de vision, pose des œillères qui interdisent l'écoute et le plein regard du bipède doté de pensée, de mémoire, et d'une possible intelligence et qui se nomme "être humain".

Etre humain que nous sommes, avant de subir les déformations d'influence que les hommes de pouvoir nous assènent tout au long de notre vie depuis notre prime enfance jusqu'à notre mort, et parfois même au-delà.

Les dirigeants de tout poil ne sont que des spécimens isolés qui se regroupent par intérêts et non par réelles affinités, en prétendant sournoisement s'installer en haut des pyramides décisionnelles pour mieux tirer les ficelles et manipuler les êtres qu'ils ont asservis dès leur venue dans ce monde.

La déformation est la sclérose volontaire des parents qui, par des outils ressemblant fort au conditionnement ou à la dépendance, pré-adaptent l'enfant à une soumission qui se régule au rythme des courants de société.

Le mal est héréditaire dans sa forme même s'il ne l'est pas réellement dans le fond.

Les courants de société sont de plusieurs types :

- L'évolution en contexte familial (l'éducation parentale)

- L'éducation étatisée, fixée par des hommes qui définissent des programmes pour des hommes, sans jamais se soucier de l'acquis de ces derniers ou, tout simplement sans établir le moindre bilan des données existantes.

- Professionnel, monde que je connais très bien et qui ressemble à la foire d'empoigne.

- Idéologique et Politique qui manquent autant d'idée que de logique d'ailleurs : le grand fleuve de la poudre aux yeux.

- Religieux qui peut être un refuge, un moyen de parcourir le chemin à la recherche de soi.

Il est dommage que ce dernier chemin soit souvent un retour aux sources, un regard vers le passé alors que je pense que bien des choses pourraient changer si simplement une rotation de 180° était faite.

Il faut regarder à la loupe le présent pour ouvrir l'horizon du futur.

Mais le courant religieux, qui s'appuie sur telle ou telle théorie doit, avant tout, être respecté tant qu'il ne fait aucun dégât.

Ceci n'est malheureusement pas le cas si l'on est quelque peu attentif à l'actualité de ce dernier demi-siècle. Souvenez-vous de la tragique destinée réservée aux adeptes du temple du soleil par exemple.

Mille autres faits divers peuvent être cités, mais malheureusement chacun doit laisser ici couler le grand fleuve de sa mémoire et faire sa propre énumération.

Je dirai que vouloir se reconnaître ou se ressembler par une croyance pas toujours honorable, n'est pas spécialement bénéfique pour celui qui se cherche. Car il est certain que nous ne sommes pas tous des machines du même type, nous n'avons pas tous été fabriqués dans le même moule ni dans la même usine.

Nous ne roulons pas, et ne voulons pas rouler à la même vitesse.

C'est pour cela que nous sommes chacun notre meilleur pilote, notre meilleur mécano, notre meilleur coach, et bien sûr notre meilleur et seul sponsor (si nous persistons dans l'imagerie automobile).

Pour s'en sortir, l'aide et l'entraide doivent exister d'une maniere naturelle, c'est évident pour tous, si ce n'est que dans les « maux. »

Beaucoup sont déjà trop concentrés sur le simple son des « mots », mais attention la valeur phonétique est souvent un outil d'interprétation !

Il faut savoir qui nous sommes et ce que nous possédons au fin fond de nous même. Faire une analyse profonde et objective de nos besoins passe par la connaissance de soi, au travers de son propre regard, comme par la réflexion des autres, seulement si l'amour et la sincérité ornent leurs propos et leurs regards (reflet de la vérité).

Pour mieux comprendre cette prise de position face à la réalité, je raisonne sur les pensées et les actes qui mettent en avant les imperfections et les erreurs de perception qui ont altéré et qui altèrent encore l'image que nous avons de nous.

Encore enfants, le monde imaginaire que nous construisons dans nos têtes ne ressemble en rien à la vie future.

Petits, nous l'ignorions, mais avons-nous rectifié nos envies, nos besoins et notre perception dès que, plus grands, nous avons été confrontés à la réalité ?

Le regard sur soi ou l'impression de ce que nous sommes n'est alors plus tout à fait juste. Nous avons une vague idée de ce que nous pouvons représenter aux yeux des autres sans même les avoir interrogés.

Enfants ou adolescents, nous nous jugeons par comparaison avec l'image que véhiculent les autres.

Tout petit, souvenez-vous lorsque fiers vous rapportiez vos photos de classes, vos parents vous reconnaissaient immédiatement dans le groupe, alors que vous, vous n'aviez pas une localisation spontanée de votre image.

Si vous avez fait l'expérience d'enregistrer votre voix, lorsque vous écoutez la bande, vous reconnaissez facilement les voix des autres mais vous affichez une certaine réticence à accepter la vôtre.

Nous ne nous attarderons pas sur le miroir, celui qui depuis votre prime enfance vous renvoie votre image :

C'est le plus grand des menteurs, celui qui vous donne la fausse image de vous, car il vous renvoie l'inverse de votre image réelle.

Vous pouvez déjà présumer des dégâts qu'il a pu causer, ce fameux miroir !

Je suis une personne soucieuse de son image je me regarde dans la glace avec attention pour me sentir bien dans la société, voyant en détail mon reflet et après réflexion, je pense que je peux ressembler à tout le monde.

Malheureusement et systématiquement lorsque je rejoins un groupe, la première question qui m'est posée est :

« pourquoi veux-tu te marginaliser en portant ta montre au bras droit ? »

Je retourne alors devant mon miroir, je me tourne dans tous les sens pour constater que ma montre est bien au bras gauche, comme pratiquement tout le monde.

Si je ne veux plus essuyer de remarque, je devrai me voir dans mon miroir, avec ma montre au bras droit pour que les autres me disent que je suis dans la normalité en portant ma montre au bras gauche.

Ceci n'est qu'une anecdote, qui m'a fait depuis tout petit me poser beaucoup de questions.

Mais ne croyez-vous pas que c'est de la torture d'esprit pour un enfant que de se dire que pour être comme les autres il doit emmagasiner dans son cerveau son image à l'inverse de celle que les autres perçoivent.

Le fin du fin est lorsque la modernité nous a apporté ce merveilleux outil qu'est la vidéo.

Là, c'est d'un comique sans nom, car enfin confronté à son image à l'endroit le commun des mortels ne perçoit que ses défauts qu'il transforme bien vite en tares. Effectivement il n'est pas accoutumé à recevoir son image à l'endroit, alors quant il y est confronté, il voit simplement ce que les autres perçoivent de lui et là, la vérité nous bourre de tous les complexes de la terre.

Alors faites l'expérience, comme moi, d'entreprendre le grand ménage dans votre tête et décidez-vous à vous observer dans le bon sens.

Et le bon sens préconise de s'occuper de soi avant de vouloir changer les autres et les amener à notre image que nous avons l'impression de percevoir correctement, mais que nous ne connaissons pas ou très mal dans son positif (Je fais ici allusion aux termes photographiques qui en l'occurrence sont vrais dans l'expression).

C'est pour cela que je me suis attaqué au :

« MOI D'ABORD »

Le moi d'abord est issu d'un vieux proverbe qui nous a toujours laissé entendre que :

« charité bien ordonnée commence toujours par soi-même. »

Le fait de rapprocher les choses de soi n'est pas forcément négatif, le MOI D'ABORD peut-être reçu sous plusieurs aspects.

Je m'adresse donc, ici, à ceux qui, comme moi, ont sûrement déjà dans leur vie, fait l'objet de réflexions dans le style :

« Avant d'être un phare chez les autres, essaies d'être une simple lampe chez toi. »

« Avant de chercher la paille dans l'œil de ton voisin ôtes la poutre qui encombre le tien. »

« Ne cherches pas à connaître les autres avant de te connaître toi-même. »

Et bien, c'est peut-être là que le bât nous blesse. Car on a tous plus ou moins l'impression de se connaître ou de s'être connu. Mais chacun de nous, s'il est positif, évolue à chaque instant de sa vie.

Prenons-nous le temps de nous regarder face à face avec celui que nous avons été hier, et vivons aujourd'hui avec l'image de celui que nous serons demain ?

Tiens voilà donc une suite de mots qui m'ont interpellé et qui m'ont poussé à aller plus loin :

- impression de se connaître

- être positif

- évoluer

- se regarder

- l'image d'hier, d'aujourd'hui

- Qui serons-nous demain ?

Au fil de mes cogitations, j'ai avancé, sans vraiment m'en rendre compte, vers une conviction qui m'a fait prendre conscience de mes forces, celles qui étaient bien enfouies au fond de moi que je ne soupçonnais même pas d'exister, et qui se sont révélées être un excellent remède aux maux de la vie. Je peux vous garantir, que ces forces sont infinies.

J'ai du également constater que se situer par rapport au contexte dans lequel nous évoluons, n'est pas toujours simple lorsqu'on souffre de morosité chronique et que l'on s'exprime par la réflexion des miroirs négatifs que sont le travail, les médias, les transports, l'entourage, l'environnement familial, eux, les gens, les autres, etc.

Le fait de vouloir sortir de ces ambiances auto-freinantes ouvre déjà les portes de la confiance en soi et montre qu'il existe un chemin de lumière que chacun peut emprunter.

Ce chemin se nomme réussite.

Qu'est-ce que la réussite si ce n'est la plénitude et la jouissance extrême que l'on peut ressentir lorsqu'on atteint ses objectifs souhaités !

Chaque seconde, chaque minute, chaque heure, chaque jour, chaque semaine, chaque mois, chaque année, chaque décennie, chaque demi-siècle ou toute une vie sont des références, des repères sur lesquels se greffent des objectifs que tout être humain doit poursuivre pour ressentir sa propre plénitude.

Le temps a été, tout au long de mon étude, un repère, une référence, je l'ai considéré uniquement comme un indicateur, jamais comme un objectif. Je dois dire que j'ai beaucoup de peine à comprendre les gens qui courent sans répits après le temps, cette chose impalpable qui a accouché de son enfant stress.

Je me suis donc depuis fort longtemps, interdit de faire des constats du type :

« je n'ai pas vu le temps passé »

« le temps passe vite »

Je me dois de citer ici les propos d'un artiste au grand cœur, Leny ESCUDERO qui, lorsque je lui parlais du temps et des êtres m'a tout bonnement rétorqué :

« Tu sais, le temps se fout de nos états d'âme. Le temps est le témoin ironique qui, le cul sur sa chaise, nous regarde passer, plus ou moins vite sur le chemin de la vie. Au bout de ce chemin notre constitution matière n'existera plus, le temps lui, la référence, existera encore et encore…. et toujours. »

Donc logiquement, et si je prends pour crédibles ces propos, celui qui court après le temps reste immobile, il n'avance pas, puisqu'il court après un personnage qui est assis sur une chaise. Il est peut-être moins fatiguant de courir après nos objectifs.

Sans aucun objectif défini, chacun de nous moutonne, se paume dans l'océan des gens et devient mouton à son tour pour suivre un chef de troupeau, puis tourne sa vie durant dans un pré sans jamais en sortir.

De plus il prend l'énorme risque de se faire manger régulièrement la laine sur le dos.

Le jour où j'ai décidé de prendre ma destinée en charge, de gérer mon être, d'utiliser au maximum les forces qui sont en moi, je me suis immédiatement rendu à l'évidence que :

La vie est autre chose qu'un tramway qui nous véhicule de la naissance à la mort.

TROIS UNIVERS

Nous subissons trop souvent le poids de notre existence sans même être conscient que notre destinée nous offre deux possibilités de choix de vie. Nous pouvons choisir :

- soit de vivre dans l'environnement et le contexte que nous avons choisis.

- soit de vivre en subissant le contexte dans lequel nous sommes enfermés.

Je crois que nous ne sommes pas assez vigilants, nous sommes nés laxistes et petit à petit, sans nous en apercevoir, nous nous laissons écraser par le poids d'une vie que nous ne voulons pas réellement.

Je considère, pour être schématique, que dans la société il existe trois univers dans lesquels l'être évolue et fait son parcours de vie.

LE PREMIER DE CES UNIVERS

L'UNIVERS DES ETRES HUMAINS, c'est celui de ceux qui affichent le souhait de vivre en utilisant au maximum ce que je nomme l'intrasensoriel et l'extrasensoriel.

L'intrasensoriel détermine la capacité à recevoir, à se mettre en état de pleine et parfaite réceptivité. Il permet de caler l'ensemble de nos sens sur les fréquences émises. Etre réceptif.

L'extrasensoriel détermine la capacité à émettre, à se mettre en état de pleine et parfaite émission. Il permet de détecter et de s'adapter, par l'ensemble de nos sens, à la fréquence du récepteur vers lequel on veut émettre. S'adapter à tous les niveaux et milieux, s'y sentir bien et être compris ou reçu sans distorsion.

L'univers des êtres humains est celui de ceux qui recherchent les découvertes et s'emplissent d'émotions, ceux qui avancent à la recherche de la vérité et marchent sur la route de la vie en regardant autour d'eux, ceux qui observent et savent écouter. Ceux qui croient que demain sera toujours mieux qu'hier, ceux qui ont :

LA FOI EN L'ETRE.

Nous exclurons de cet univers tous ceux qui se laissent duper par le commerce des religions ou des sectes, ceux qui se laissent entraîner par le discours politique, ceux qui se retournent sans cesse sur un passé perdu.

Il faut savoir tirer les leçons de la vie, alors écoutons attentivement les anciens et observons avec grande attention les enfants vivre. Eux seuls s'adapteront demain puisqu'ils le feront ce demain, ils en sont déjà préparés aujourd'hui. Nous, adultes pour la plupart, sommes déjà largués faute de n'avoir pas été suffisamment attentifs ou observateurs.

LE SECOND UNIVERS

Celui de : EUX, LES AUTRES, LES GENS.

Ceux qui moutonnent, qui rentrent dans le moule et suivent les leaders parce que ça fait bien ou simplement parce que l'assistance et la sécurité qui leurs sont apportées les rassurent. Ils ne sortent du pré que si d'autres ont déjà tenté le parcours, que si le terrain est déjà défriché ou la route déjà tracée. Ces derniers n'osent pas la découverte, ils ont une peur panique d'avancer vers un horizon qui leur est inconnu.

Dans cette catégorie, qui est la plus importante, beaucoup ne sont pas conscients de ce qu'est la vie. Pour eux c'est simplement le fameux parcours qui va de la naissance à la mort ; ils sont béats devant de simples phénomènes que l'on habille d'extraordinaire.

Là se trouvent les gens qui bravent les interdits ou refont le monde trop souvent avec la langue, mais qui sont paralysés par les tabous, lors du passage à l'acte.

Ne soyons pas, à leur égard, trop critiques car quelque part nous sommes tous un peu dans cette catégorie sans le savoir vraiment. Le quotidien des environnements familiaux et professionnels nous y fait plonger à notre insu. De plus que l'on soit adolescent ou adulte les phénomènes de mode nous y entraînent malgré nous.

Il est donc très important d'être lucide pour veiller à ne pas stationner trop longtemps dans cette situation qui peut nous faire oublier d'être nous-mêmes.

Heureusement, quand la conscience frappe à la porte et que cela devient trop lourd, certains cherchent à s'en sortir. Mais ils se marginalisent et si les ETRES HUMAINS ne les entourent pas à ce moment précis, ils plongent alors dans les "conneries" de l'homme et se laissent entraîner dans des tourbillons au péril de leur autonomie et parfois de leur vie avec des armes mortelles comme la drogue, les sectes, le fanatisme ou autres absurdités que nous avons déjà citées à maintes reprises.

LA TROISIEME ZONE

(je me refuse à parler ici d'univers)

Dans cette zone patauge le résidu des bipèdes qui ne sont sur cette terre que pour nous faire courir vers l'autodestruction de notre espèce. Ceux qui malheureusement sont dépourvus de leur conscience, ceux qui sont ou qui se sont exclus du monde de l'humain.

Ce sont les despotes, les tyrans, les dictateurs, les assassins, les violeurs d'enfants, les tueurs de personnes âgées, les manipulateurs et les menteurs conscients.

Ceux-là savent trop bien ou ne se sont pas encore rendu compte que l'on peut tuer avec des mots.

En observant, on s'aperçoit que ce sont eux qui, aujourd'hui bénéficient d'une publicité outrageuse et outrancière par l'intermédiaire des médias qui amplifient leurs actes en les valorisant puisqu'ils deviennent populaires aux yeux des faibles ou des fragiles qui demain suivront l'exemple pour assouvir une inconsciente soif de popularité. Ils auront l'impression d'être enfin quelqu'un et sortir de la masse parce qu'on parlera d'eux.

Pour ma part, ceux-là, je les laisse à l'écart et je ne m'en préoccupe guère. Mais ceux qui sont fiers d'afficher leur état d'esprit comme les terroristes par exemple, je veux les voir crever seuls (sans publicité surtout) car je pense qu'il faut isoler un virus avant qu'il ne contamine.

Tous ces univers, que je vous ai précédemment décrits, ne sont pas à parois étanches, il est possible de passer de l'un à l'autre à tous moments, mais attention, dans le sens descendant ou décadent cela se fait naturellement sans aucun effort. Par contre, pour refaire le parcours dans le sens ascendant cela devient déja beaucoup plus ardu et délicat. Il faut le vouloir et pouvoir définir clairement ses propres objectifs par rapport à son environnement et accepter de faire son auto-bilan régulièrement pour éviter des dérives dangereuses. Autrement dit, avoir le courage de gérer sa destinée.

Savoir établir ses propres repères pour analyser son évolution et trouver son miroir fidèle.

Avant d'engager la démarche pour se retrouver soi-même et pouvoir dialoguer avec soi, il faut apprendre à communiquer avec ses potentialités et surtout savoir chasser ou du moins éviter le et les négatifs qui nous entourent, pour se voir le plus positivement possible, s'accepter, s'aimer, se supporter en somme.

CONSTAT

La route de l'échec (ou de l'évolution lente) est déjà toute tracée dès notre conception. Celui qui réussit à atteindre ses objectifs a d'autant plus de mérite. Pourquoi n'auriez-vous pas la volonté, aujourd'hui, de vouloir entrer dans la catégorie de ces méritants ?

Si vos méninges ont été sufisamment secoués et que vous vous êtes situé dans un des univers avec l'honnêteté et la franchise qui vous caractérisent, vous êtes donc, à cet instant précis, en pleine prise de décision.

Soit il y a de l'escalade à faire pour remonter dans l'univers premier, soit vous y êtes déjà et vous décidez d'y inviter des gens qui, à vos yeux le méritent.

Lors d'une précédente étude sur la créativité, j'avais avec une équipe, fait passer des tests à deux groupes d'enfants de sexes différents, d'âges différents et venant de milieux sociaux différents.

Le premier groupe était constitué de petits garçons et de petites filles encore en maternelle. Le second se composait, lui d'enfants ayant déjà à leur actif une ou deux années en classes primaires. Les tests consistaient à mettre les enfants un à un dans une ambiance toujours identique de luminosité et d'environnement.

Tout était blanc, la pièce la table, le siège, le papier qui leur était fourni ainsi que le bois des crayons de couleurs. Les enfants étaient habillés de blanc. Nous collions sur le mur trois cercles colorés et suspendions dans l'espace un cube et une pyramide.

Nous demandions aux enfants, un par un, de dessiner ce qu'ils voyaient.

Les petits nous ont presque tous dessiné les volumes avec une sorte de reflet ou d'écho dans l'espace, et les cercles de couleur avec une aura de couleur différente.

Pour le groupe des plus grands les dessins étaient pratiquement identiques à l'exception des reflets, des échos et des auras. L'éducation nationale leur impose de voir ce qu'on leur montre d'une manière restrictive. Un cercle de couleur doit se résumer à un cercle de couleur et on vous interdit de voir autour ou plus loin.

Ceci me fait faire un constat inquiétant. Dès la première ou seconde année de classe primaire, les enfants perdent la notion des auras de couleur et les échos de volume dans l'espace, donc réduisent et standardisent leurs programmes innés de perception.

L'instruction scolaire, fait construire et intégrer des programmes standards de base qui déforment d'entrée la vision de l'être à l'état pur. On ne tient absolument pas compte des données déjà stockées.

Quand verra-t-on enfin l'orientation vers différentes méthodes d'apprentissage basées sur un bilan appliqué avant l'entrée plutôt que de jeter tout le monde dans le vaste réseau à programme standard unique qu'est l'éducation nationale ?

Dès notre naissance, nous stockons d'une manière spontanée et unidirectionnelle. Bien avant même, lorsque fœtus, nous baignons dans les eaux maternelles, les réactions émotionnelles de notre mère nous chargent déjà de micro images qui s'amoncellent dans notre inconscient et conditionnent nos futurs réflexes.

Il me plaît de vulgariser le fonctionnement de notre être par une théorie non scientifique basée sur la comparaison de notre cerveau avec l'ordinateur ce qui a permis à beaucoup de mes élèves de faire tomber la barrière de l'inaccessibilité.

Ici les mauvaises langues ou les détracteurs s'en donneront à cœur-joie, mais qu'ils oublient sur le champ leurs réactions primaires et qu'ils pensent que ce qu'ils feront c'est à dire « penser » les distinguera encore, quelque temps, de l'engin que nous utilisons pour cette théorie.

THEORIE BASEE SUR L'ORDINATEUR

Tout un chacun est à même de se servir de ces engins barbares pour certains, utiles pour d'autres, ou encore, outils de découvertes fabuleux pour une minorité.

Aujourd'hui nous sommes obligés, à un moment ou à un autre, de nous coller devant un micro ou P.C et, si ce n'est déjà fait, de s'informer un peu sur comment il marche afin de l'utiliser. Plus on assimile comment il est structuré, plus on comprend son mode de fonctionnement, mieux on s'en sert et plus on se rend compte des services qu'il peut nous apporter.

Mais si nous sommes de nos jours quasiment obligés de le faire pour l'ordinateur, ne croyez pas qu'il soit au moins aussi intéressant de savoir quelles sont les possibilités de cette merveilleuse machine qu'est L'ETRE HUMAIN et qu'il est important de savoir utiliser l'énergie, notre énergie, pour la faire fonctionner dans les meilleures conditions.

Les scientifiques sont utiles au progrès de l'humanité toute entière. Ils nous mènent surtout, en cette fin de vingtième siècle, vers la découverte dans les deux grands axes opposés, nécessaires à notre équilibre, que sont l'infiniment grand (espace, nouvelles planètes...) et l'infiniment petit (isolement des gênes).

Soyons à notre tour et à notre niveau les scientifiques de la merveilleuse machine que nous sommes :

- les ingénieurs de la programmation de notre être

- les génies du software pour nous permettent de réaliser les progrès qui régissent nos actions.

Ceci pour œuvrer dans le sens le plus positif pour le développement de notre propre personne d'une part, et peut-être engager une action vers tous ceux qui ont une potentialité ou l'envie de devenir des êtres humains d'autre part. Vous entrerez alors dans la catégorie des êtres qui peuvent se prévaloir de tenter de maîtriser la communication humaine, voie réelle de l'évolution et de l'échange à la disposition de tous.

L'ordinateur que nous sommes, dans mon exemple, se divise donc, comme tout ordinateur en deux grandes parties, qu'il est nécessaire de bien distinguer pour en assimiler le fonctionnement : le hard et le soft

LE HARD

Il est simplement basé sur la mécanique de l'homme. Pour bien fonctionner, il faut s'entourer de toutes les garanties de résistances mécaniques de chacune des pièces qui nous composent. Il faut donc avoir toujours à l'esprit qu'un bon moteur ne produit longtemps son meilleur rendement que si nous l'entretenons.

Alors ayons une vie équilibrée, le travail est une chose importante pour réussir, mais le repos est aussi primordial. Le repos n'est pas simplement le fait de dormir. Certes, le sommeil est parfaitement nécessaire et réparateur, mais lui aussi peut être contrôlé et conditionné à être positif (suggestions post-hypnotiques). Nous devons apprendre à dormir plus efficacement et prendre la juste quantité nécessaire afin de ne pas gaspiller les périodes de découvertes pour acquérir plus de savoir et de connaissances.

Les ordinateurs ne travaillent-ils pas en temps différé d'une manière aussi performante et plus économique qu'en temps réel ?

Les heures de transmission de nuit sont moins coûteuses.

Notez vos temps de sommeil en repérant la durée qui vous est la plus bénéfique. Vous connaîtrez la fourchette temps qui vous convient le mieux. Elle se situe, en général, à plus ou moins une heure de votre temps idéal.

Pour moi, par exemple, mon temps idéal est de six heures de parfait endormissement. Ma fourchette se situe donc entre cinq et sept heures.

Le sommeil n'est pas l'unique moyen, il doit se compléter de phases de repos qui s'obtiennent par l'entourage familial, par la cassure de l'environnement prioritaire ou usuel. Sortir de son contexte professionnel par un bon film, une bonne émission de télé ou une bonne fête entre amis est souvent très régénérateur. Seul l'état d'esprit dans lequel l'activité a été programmée conditionne son résultat.

En effet, ne vous est-il pas arrivé de constater que vous avez été déçu d'un film que vous désiriez voir, simplement parce que vous l'avez vu en compagnie de personnes avec qui « le courant » ne passe pas vraiment ou parce que vous l'avez vu dans un lieu qui vous posait inconsciemment une gêne.

Puis, quelques temps après, revoir ce même film et avoir un tout autre jugement parce que le contexte et votre entourage sont différents, c'est-à-dire beaucoup plus favorables et positifs.

Mais revenons au " hard ". L'entretien des éléments purement mécaniques de l'être se fait sous surveillance d'un médecin avec lequel il est nécessaire de faire un contrôle régulier et d'avoir une communication franche et honnête. Il est stupide de cacher ses maux par fierté.

Quant à l'entretien journalier un minimum de sport consolide l'ensemble. Sachons néanmoins travailler sur les parties les plus fragiles de notre corps pour les renforcer. Là encore, le bilan est nécessaire pour bien connaître ses points faibles. De nos jours les salles de sport fleurissent à tous les coins de rue et mettent du matériel et du personnel à votre disposition mais peu sont de bon conseil et surtout peu font de réel bilan.

En cas de gros problèmes, de pannes graves les progrès de l'homme permettent quasiement toutes les réparations jusqu'à pratiquement la reconstitution totale. Les mécaniciens du corps, que sont les chirurgiens, arrivent aujourd'hui à changer pratiquement n'importe lequel de nos organes.

La prolongation de la durée de vie prouve également que l'assistance technique humaine a beaucoup évolué. Nous arrivons même à créer la vie en laboratoire (bébés éprouvettes) et demain nous choisirons le sexe, la couleur des cheveux, des yeux, la taille et le Q.I des êtres qui seront créés, allant du robot intelligent au génie de catégorie, tout ceci par la seule sélection des besoins.

Il n'est pas du tout évident que ce sera pour le bien de l'humanité.

LE SOFT

Il se divise en deux parties importantes et distinctes : les données et les programmes.

Les données

Ce sont les millions d'informations que notre cerveau emmagasine depuis notre conception et qui sont stockées plus ou moins en vrac dans notre tête, par tout notre être doté de capteurs : émotionnels, affectifs, auditifs, visuels, gustatifs olfactifs, tactiles et thermiques.

Les fins observateurs constateront ici que chacun des capteurs correspond à l'un de nos sens. Souvenez-vous, il y a quelques pages, je vous ai dit que je vous présenterai les deux petits nouveaux. Ils s'appellent affectif et émotionnel et ce sont vos sens primaires.

La manière dont vous utilisez vos cinq autres capteurs (ou sens) est totalement conditionnée par les premières réactions affectives ou émotionnelles de votre vie.

Je m'explique, si aujourd'hui vous vous trouvez à plusieurs dans un local qui se trouve subitement dans le noir le plus total (déclenchement du sens émotionnel par la peur consciente ou non) vous verrez qu'aucun de vous ne mettra en action les mêmes capteurs.

Ceux qui, tout petits, lors de leur première émotion liée à la peur du noir avait mis l'ouïe en éveil car ils frémissaient en entendant des petits bruits, mettront le même capteur en alerte aujourd'hui.

Il en est de même pour ceux qui étaient confrontés à une odeur particulière, un rayon de lumière… Ils mettront les capteurs, correspondants à ces premières situations, en éveil en priorité (l'odorat, la vue,…)

Et oui ! toutes ces situations sont stockées quelque part en nous, dans notre inconscient.

Alors imaginez ce que vous avez comme informations dans la tête. Et malgré tout, le plus grand des génies n'en utilise que 25 a 27 %, quel dommage.

Si l'on cherche un peu aux quatre coins de la planète toute ronde, nous nous apercevons que des génies il y en a partout et que chacun d'eux n'utilise pas les mêmes 25 à 27 % que les autres.

Evitons de nous prendre pour des génies et essayons de mettre en œuvre la possibilité d'utiliser le pourcentage nécssaire à notre simple réussite, une fois que nous aurons bien défini ce qu'elle est.

Les programmes

Ces derniers sont les clefs ou les modes de résolution entre les problèmes posés et les informations stockées ou à rentrer pour les résoudre.

Les principaux programmes existants en informatique sont identiques aux nôtres :

- programme de calcul,

- de traitement de textes,

- de gestion de base de données

- de jeux,

- de dessins,

– etc...

Ils sont stockés par l'éducation, l'apprentissage et la formation dans la part logique du cerveau (hémisphère gauche).

Lorsque notre cerveau reçoit des informations par l'ensemble de nos sens (les capteurs) et qu'un problème est posé il met en oeuvre spontanément le programme le mieux adapté pour le résoudre.

La pensée logique de l'homme lui permet de modifier ses programmes résidants ou d'en élaborer de nouveaux en fonction de la nature des problèmes qu'il rencontre tout au long de sa vie, ce que ne fait pas encore le plus perfectionné des ordinateurs terriens. Mais soyons persuadé qu'à l'aube du 21ème siècle la science et la technique, faisant de si rapides progrès, y parviendront sûrement.

Nous ne sommes pas encore tous conscients que seule notre intelligence permet de sélectionner nos besoins en programmes. Cela est d'autant plus évident si on ne connaît pas l'état de son propre stock de données et que l'on est ignorant des programmes qui résident déjà en nous.

De plus les programmes que nous avons souvent entrés par obligation ne sont pas adaptés aux besoins.

Les programmes que nous avons intégrés par l'éducation parentale ou scolaire ne sont que des pis aller standards plus ou moins orientés selon les tendances des pouvoirs familiaux ou politiques.

Mais, ne les rejeter pas, c'est dans tous les cas, faute de mieux, une base nécessaire lorsque l'on sait en tirer profit.

Face à un problème posé, il est judicieux de faire un rapide inventaire des programmes résidants en nous pour savoir celui que nous devons mettre en œuvre. Si aucun ne peut permettre la résolution du problème nous devons en construire.

Pour les données, il en est de même. Il faut examiner le stock de données existantes ou alors, il faut engager une vaste opération de saisie, utile pour la résolution du problème. Seule la parfaite connaissance de soi par un bilan régulier et une bonne dose de réflexion peuvent nous le permettre.

L'utilisation optimale des facultés du cerveau est une gymnastique qui n'est performante qu'avec une bonne dose de pratique.

La communication doit être parfaite entre les deux hémisphère (stock de données et programmes).

L'homme est doté de l'intelligence et de la pensée, c'est cet ensemble qui établit la communication entre les deux parties du cerveau et qui face aux diverses questions posées, fait les choix et met en action l'ensemble des outils nécessaires à la réponse.

La rapidité, la fluidité et la vélocité de cette communication déterminent l'aptitude à la résolution des problèmes.

L'intelligence ne serait-elle pas définie par la capacité de communication et d'adaptation qu'il existe entre les programmes et les données ?

Donc l'intelligence peut se définir par l'amplitude de la communication qu'il existe entre les deux hémisphères de notre cerveau.

N'OUBLIEZ PAS L'HEMISPHERE DROIT DE VOTRE CERVEAU

Prenons en exemple un homme de quarante ans qui a stocké, dans l'hémisphère droit de son cerveau, tout un tas de données ayant trait au théâtre.

Depuis son enfance, il peut avoir inconsciemment emmagasiné des images, des sons, des pièces, des films dans lesquels il est acteur.

Il peut, stimulé par ses projections mentales et ses rêves (élaboration involontaire de programmes), se créer l'envie de concrétiser. Par des cours, des conseils d'amis comédiens et des répétitions pratiques, il se dote volontairement d'un ou plusieurs programmes (mise en œuvre et construction d'un logiciel dans l'hémisphère gauche) qui lui permettent de mettre en application l'utilisation des données stockées dans l'hémisphère droit.

Cet homme de quarante ans, sans trop de peine et avec une bonne dose de motivation consciente, peut devenir un artiste doté d'un talent qui épatera son entourage.

Ne voit-on pas des retraités qui, confrontés au problème d'occupation du temps, se découvrent subitement des talents de comédiens, de peintres, de sculpteurs, etc...

Mais ne croyez pas que cela relève de l'exploit. Tout est fonction de la seule auto-gestion de l'être et de la communication qu'il établit entre les deux parties de son cerveau.

Il y a aussi l'exemple de ce garçon, qui, à dix ans, rêvait de faire de la guitare et qui éprouvait tant de difficultés pour l'apprentissage de la lecture et de l'écriture. Il a été placé dans un établissement où il recevait une éducation artistique, pour une moitié du temps, et pour l'autre moitié, un enseignement général.

Une seule année scolaire a suffi pour démontrer que cette graine d'artiste pouvait, sans aucun mal, intégrer l'écriture et la lecture et obtenir des résultats plus qu'encourageants.

Tout ou partie des acquis nécessaires (données) étaient déjà stockés dans l'hémisphère droit. Mais l'hémisphère gauche, faute de rêves stimulants et déclencheurs, refusait de mettre en action ou d'intégrer des programmes pouvant permettre l'utilisation optimale des données existantes engrangées (à cet âge l'enfant n'est pas le seul maître de la mise en œuvre de ses programmes).

Dans les deux exemples précédents, il ne s'agissait en aucun cas de phénomènes ou d'êtres exceptionnels. Si cela était le cas les talents auraient été détectés plus tôt.

Les psychologues avec lesquels j'ai travaillé sur le thème expliquent que réside dans l'hemisphère droit, un immense stock de données qui sont très rarement exploitées, faute de programmes logiques adaptés par l'hémisphère gauche.

D'une manière plus ou moins importante il existe un manque certain de communication entre les deux hémisphères du cerveau de pratiquement tous les êtres.

En effet, l'interdiction de réaliser ses rêves ou ses fantasmes, ne permet pas de se construire des programmes qui pourraient paraître non réalistes aux yeux de l'entourage ou de l'environnement social. Donc des milliers d'informations (données) restent inutilisées, en souffrance dans l'hémisphère droit du cerveau humain, faute de programmmes adaptés.

Quel gâchis !

Le créatif, l'artiste qui ose des programmes hors des normes sociales devient d'un seul coup un phénomène, un être différent que les gens admirent ou rejettent selon leur perception.

Mais tous les êtres humains vivants dans ce monde, sont des phénomènes, des artistes. Nous en avons tous potentiellement les capacités, nous pouvons tous stocker les données nécessaires, si cela n'était pas déjà fait à notre insu, et nous pouvons tous développer ou élaborer non programmes pour tenter de les adapter à l'utilisation de ces données.

 N'est-il pas dommage de savoir que des millions de données et de programmes sont en sommeil profondément ancrés au fin fond de notre cerveau.

Il suffit de prendre conscience de ses rêves et d'en motiver le désir profond de réalisation. Les soutiens, les aides à la construction du logiciel ou à la saisie des données viennent en général naturellement dès cet instant.

Et si les données ne sont pas suffisantes pour mener à terme l'exploitation totale du programme, autrement dit atteindre l'objectif, ayez le courage, la volonté de faire un peu de saisie et remplissez l'hémisphère droit de données. C'est-à-dire observez, découvrez et n'hésitez jamais à vivre des aventures qui vous enrichiront. Quelle que soit l'aventure que vous vivrez, si vous l'avez désirée, elle servira un jour.

Les voyages vous remplissent d'images d'autres sites, d'autres gens, d'autres paysages, d'autres parfums, etc...

Alors comme pour les voyages, entrez dans tous les mondes de la vie et remplissez-vous des données vers lesquelles vous mènent vos aspirations et ne dites plus jamais :

- ÇA... CE N'EST PAS POUR MOI

- ÇA... JE N'Y ARRIVERAI JAMAIS

Les travaux du prix Nobel Roger SPERRY, dans les années 60, ont mis en évidence le rôle spécifique de chaque moitié du cerveau.

Avec son équipe de chercheurs de l'Institut de technologie de Passadena, en Californie, SPERRY s'est penché sur le cas d'épileptiques dont les deux hémisphères cérébraux avaient été séparés chirurgicalement pour éviter certains désordres électriques mettant en péril la vie du patient.

Dans ces cas, il était donc possible d'identifier les fonctions et les réactions de chacune des deux moitiés du cerveau.

Plus précisément, ces recherches ont démontré que l'hémisphère droit (apparemment « muet », et considéré comme le siège où résident l'affectivité et le sens artistique) était capable de stocker et d'analyser des données et d'en fournir une synthèse sous forme de rêves, de symboles, de gestes significatifs ou d'intuitions soudaines.

Si nous poussons le raisonnement plus loin, l'hémisphère gauche doit être capable d'amener à la concrétisation, en élaborant ou en mettant en œuvre, dans un état conscient, le programme de réalisation adapté à cette synthèse.

Certains d'entre nous font inconsciemment l'expérience de ce passage instantané d'un mode de fonctionnement à un autre, plus approprié. C'est l'utilisation anarchique des programmes ou de bribes de programmes existants.

Considérons comme exemple que vous ne savez plus où vous avez laissé vos clés de voiture.

Vous avez tenté vainement de reconstituer méthodiquement vos faits et gestes (mise en œuvre volontaire de programmes, hémisphère gauche), la mémoire vous fait défaut (mauvaises données ou données mal sélectionnées, hémisphère droit).

Dans la soirée, alors que vous rêvassez relaxe dans ce fauteuil moelleux, avec la zapette de votre cerveau vous selectionnez le programme détente. Vous vous construisez alors un film d'après des faits et gestes stockés en vrac dans l'imaginaire (hémisphère droit), et oh ! surprise, la réponse vous arrive toute seule :

" les clés sont restées dans la poche de ma veste "

L'hémisphère droit, vient de trouver les données à transmettre vers l'hémisphère gauche. L'hémisphère droit a répondu aux demandes d'un programme resté en latence dans l'hémisphère gauche et a su retrouver les données nécessaires puisqu'elles existaient. Bien évidemment vous aviez stocké et mémorisé les images photographiées par vos yeux et vos gestes mais où ?

Lorsque vous aviez mis le programme de recherche de vos clés en action vous n'exploriez pas l'ensemble des données stockées. C'est normal, puisque vous dirigiez le programme de recherche. Il a suffit de mettre en action un programme sans contrainte pour les retrouver.

Au cours d'un long déplacement en train ou en avion, vous réalisez tout à coup que le temps et l'espace ont été abolis sans que vous en ayez eu conscience :

« Mon esprit était à des millions de kilomètres d'ici », pensez-vous.

En fait, votre activité mentale s'était simplement déplacée de quelques centimètres vers la droite, sous la commande de votre hémisphère gauche qui avait « programmé » le déroulement de toute une série d'images et d'intuitions passionnantes au rythme des données fournies par l'hémisphère droit (utilisation du même programme libre « détente »).

L'hémisphère gauche peut mettre en marche un programme d'inventaire qui se promène au milieu de l'ensemble des données, lorsqu'il n'est soumis à aucune obligation.

Pourquoi ne mettons-nous pas plus souvent en œuvre ce potentiel ?

Selon Judy HAIMS, une spécialiste du cerveau qui s'occupe de pré - adolescents :

" la réponse réside, pour l'essentiel, dans l'attitude des sociétés occidentales au regard de l'apprentissage des fonctions cérébrales ".

Depuis notre plus jeune âge, nous sommes soumis à un régime tout académique de lecture, d'écriture, d'arithmétique et d'analyse logique, à peine saupoudré de quelques touches d'arts plastiques, de musique ou de poésie. Par la suite, quand il s'agira d'évaluer notre niveau scolaire, tout reposera presque exclusivement sur des épreuves écrites, conçues pour mesurer des aptitudes dont le siège se trouve dans l'hémisphère gauche (programmes).

" Il n'est guère surprenant, dans ces conditions, fait observer Judy HAIMS, que notre hémisphère cérébral droit ne joue plus qu'un rôle mineur ". Pourtant, nous avons effectivement à notre disposition un autre mode de fonctionnement de la pensée, qui s'avère souvent plus efficace.

Dans un ouvrage remarqué, la psychologue Betty EDWARDS laisse entendre que lorsque l'hémisphère droit est sciemment sollicité pour un ensemble d'informations (suite de scénari déjà construits et stockés comme tels), nous faisons confiance à notre intuition et nous opérons par visualisation instantanée (projection de scènes complètes). Dans ces moments-là, tout semble se mettre en place sans que nous l'ayons conçu dans un ordre logique. Notre cerveau droit nous procure cette sensation de compréhension instantanée, d'intuition éclair.

Personnellement, j'appelle cela les programmes P.S.I (programmes spontanés intelligents).

C'est d'ailleurs cette aptitude à réagir rapidement, souvent à partir d'un petit nombre de données, qui distingue l'intelligence individuelle du raisonnement collectif.

Nous ne construisons plus le film à partir d'images, mais à partir de scènes déjà enregistrées. Le temps de réponse est réduit d'autant.

En fait, l'histoire fourmille d'exemples d'individualités qui ont atteint les sommets de leur art essentiellement par la mise en œuvre des facultés de l'hémisphère droit.

Albert EINSTEIN, lorsqu'il évoquait ses méthodes de travail, disait :

- " Les mots, le langage écrit ou parlé, ne me paraissent jouer aucun rôle dans le mécanisme de la pensée. Les entités psychiques qui interviennent comme des éléments de formation de ma pensée sont des sortes de signes, des images mentales, plus ou moins claires, qui peuvent être reproduites et combinées à volonté".

Et le savant disait souvent à ses interlocuteurs qu'il lui fallait "voir" mentalement des images tridimensionnelles avant de pouvoir poser ses équations.

Dans un livre sur la créativité, Arthur KOESTLER fait référence à ces états lorsqu'il parle de périodes d'incubation :

- " Quand on a épuisé tout espoir de parvenir à résoudre un problème par les méthodes classiques, la pensée se met à tourner en rond… (le cerveau gauche, dit logique, n'a pas su ou pu mettre en œuvre le programme adapté à la résolution du problème posé)".

Plutôt que de continuer à se débattre inutilement avec le problème, il suggère de le laisser de côté quelque temps, ce qui permet au cerveau droit d'incuber l'information et de rechercher les données nécessaires à la résolution. Et s'il doit y avoir une intuition, un éclair de compréhension, il est probable qu'il se produira dans un moment de calme comme en promenade ou lors d'instant de rêverie.

C'est-à dire lorsque le cerveau gauche se rendra compte que les données fournies ne sont pas exploitables par le programme mis en fonction, il doit impérativement passer à un autre programme et se débarrasser du précédent.

Ce que nous ne savons pas faire.

Car quand un problème nous prend la tête, le ou les programmes mis en œuvre restent bien trop présents. Il faut savoir prendre l'initiative de déclencher un programme plus adapté soit un tout autre programme basé sur la recherche sans qu'elle soit dirigée (les P.S.I par exemple).

Des spécialistes affirment qu'on peut apprendre à faire fonctionner, d'une manière organisée, le cerveau droit, mais cela demande du temps et de l'entraînement.

Au collège Mead de Greenwich (premier cycle du secondaire), dans le Connecticut, une bonne moitié des cours est consacrée à des activités d'expression plastique, musicale, gestuelle et théâtrale.

Par ces techniques non verbales, les enfants apprennent à faire fonctionner les deux parties de leur cerveau.

Cette méthode porte ses fruits si l'on en croit l'association des écoles privées du Connecticut, et les élèves issus du collège Mead.

A contrario, le monologue intérieur de la répétition des règles apprises (programmes) concorde tout à fait avec le fonctionnement du cerveau gauche bien discipliné, serinant mécaniquement au futur joueur de tennis, par exemple, les étapes indispensables à la bonne exécution du geste technique.

C'est parfois efficace mais la plupart du temps, le résultat est décevant.

GALLWEY conseille de couvrir ce rabâchage rationnel du cerveau gauche en disant, par exemple, "bing" quand la balle rebondit et « bang » quand elle arrive dans la raquette. La partie gauche du cerveau ainsi réduite au silence, permet à la partie droite, grâce à la perception globale de stocker des suites de données qui seront utilisées en laissant libre cours à l'instinct.

Le programme basique inculqué par le professeur au cerveau gauche de l'élève, portera la technicité logique nécessaire à la fixation des acquis.

Les "PSI" (programmes spontanés intelligents) se mettront alors quasi immédiatement en œuvre pour faire face aux problèmes posés par chaque mouvement de balle au cours d'une compétition.

Dans sa méthode de dessin, Betty EDWARDS préconise une autre technique pour optimiser le potentiel créatif.

Supposons un exercice consistant à copier un portrait, œuvre d'un grand artiste. En général explique Betty EDWARDS, le cerveau gauche résout, le problème en repérant des traits caractéristiques du visage à reproduire - le nez, les yeux, puis en guidant la main d'après le schéma préconçu (programme apporté par les méthodes de l'enseignement académique. comment doit-on dessiner le visage - le nez - les yeux). La plupart du temps, le résultat ressemble à ces dessins que les enfants gribouillent mais sans retrouver ou percevoir le génie propre à l'enfance !

Voyons ensuite ce qui se produit lorsqu'on déboussole le cerveau gauche en mettant le modèle à l'envers.

A la place d'un schéma familier, on est mis en présence d'un ensemble de lignes et de formes qui échappent à la compétence de l'hémisphère rationnel. Que se passe-t-il ?

Le cerveau gauche se tait explique Betty EDWARDS, et confie le problème à son collègue, plus souple (qui emmagasine les données selon la simple perception de l'image reçue). Moi je dis qu'il fonctionne tout simplement en PSI (Programme spontané intelligent).

Au lieu de s'échiner à reproduire un nez ou un œil, l'hémisphère gauche se contente de vous faire copier les diverses lignes et courbes qui ont été stockées et qui seront restituées en l'état.

Elles ne seront pas soumises à l'obligation de ressemblance imposée par le programme qui interprète l'image à l'endroit par identification et reconnaissance d'une image déjà connue avant de la reproduire (il y a eu enregistrement de nouvelles données et non mise à jour ou récupération de données approchantes ou similaires déjà stockées).

Le bon programme a été utilisé et le résultat final apparaît quand on remet le dessin à l'endroit une reproduction beaucoup plus satisfaisante du modèle initial.

Si je vous ai dit plutôt, que l'on peut adapter des programmes, on ne peut pas transformer des données.

Tout un chacun ne va pas, pour autant, se métamorphoser en inventeur de génie. Mais il est à la portée de tout le monde de changer son mode de fonctionnement de temps à autre.

Beaucoup de gens y parviennent par l'écoute et l'observation.

Dans tous les cas, la sensation à obtenir est un état de déconnexion dans lequel les images mentales ne sont plus les détails spécifiques, de la réalité, ni des nombres, ni des mots mais la vision globale de scènes.

Il faut apprendre à stocker des petits films et non de l'image par image.

LA PERSONNALITÉ

Après cette première approche, nous pouvons résumer en disant que chaque individu est défini par les actions ou les pensées qu'il met en œuvre pour tenter d'atteindre ses objectifs réfléchis.

En effet, la vie en société génère et suscite en nous des besoins et des envies qui définissent nos attentes qui, par-là même, se transforment en objectifs. Ces objectifs s'ils sont atteints traduiront notre état de satisfaction, voire de suffisance pour certains ou, de déception voire d'insatisfaction pour les autres s'ils restent sans aboutissement positif.

L'objectif doit donc se déterminer avec beaucoup de soin et prendre sa place dans l'une des faces de notre personnalité.

Lors d'un bilan, on ne peut pas dissocier les trois principaux comportements que l'individu emprunte dans les trois principaux champs d'occupation de son parcours de vie :

- sa vie professionnelle,

- sa vie en société,

- sa vie personnelle.

Tout être dispose d'un potentiel dans chacun de ces secteurs de représentation, et il existe en tant que tel dans chacun d'eux.

Le bilan détermine les acquis, ce qui est stocké (programmes, données) et utilisable pour l'ensemble des secteurs précédemment énumérés. La personnalité de l'individu est déterminée par l'importance de son action et par l'importance de son image dans chacun d'eux.

Tout objectif réaliste ne peut se définir sans d'abord avoir fait l'inventaire et avoir déterminé les potentialités résidentes dans chaque secteur.

La zone de personnalité doit impérativement être mise à jour, c'est l'un des vecteurs déterminant pour l'atteinte des objectifs.

Avec l'association REGARD (Recherche et Etude de la Gestion et de l'Analyse de la Réussite et du Développement) j'ai mis au point des outils permettant à chacun de nos consultants de pouvoir faire lui-même son inventaire en présence d'un intervenant spécialisé. L'équipe détermine ensuite, avec le consultant, la zone de personnalité.

C'est seulement après avoir franchi cette étape que nous proposons au consultant d'entrer dans la phase de détermination de ses objectifs.

Les intervenants de REGARD utilisent pour cette phase des techniques nouvelles dans certains cas ou, déjà éprouvées et perfectionnées dans d'autres.

Le consultant développera sa chaîne d'objectifs réalisables à court, moyen ou long terme, pour chacun de ses projets qu'il soit personnel, professionnel ou, d'activité et de comportement en société.

Dans le cadre du projet professionnel, comme pour les autres d'ailleurs, il est important qu'une mise en confrontation avec une réalité soit faite pour valider le dit projet.

Dans l'optique travail, il est important d'entrer en phase d'observation puis de concrétisation pour l'essai en entreprise. Et c'est seulement après avoir passé, vérifié et validé, l'ensemble des étapes de sa chaîne d'objectifs, que nous parlons de mise en oeuvre de techniques de recherche d'emplois, de développement marketing de sa carrière ou d'évolution vers d'autres postes par exemple.

Là, il existe pléthore d'outils plus ou moins bons, basés sur la communication, les techniques de vente ou tout autre outil pompeux dans l'étalage et qui se résument en deux mots:

Observation – Action.

Dans tous les outils existants, peu prennent en compte l'adéquation entre les acquis des consultants (bilan des programmes et des données) et les objectifs réalisables qu'ils se sont fixés librement dans chacun de leurs secteurs de vie.

Trop souvent les actions se résument à un simple casage dans une entreprise afin d'encaisser les subventions largement distribuées à ceux qui sont censés êtres chargés des reclassements professionnels.

Mais chacun peut, à son niveau et avec ses capacités propres, se prendre en charge et faire son petit brainstorming (remue méninges).

Dans les formations ou stages de retour vers l'emploi, qui existent sur le marché aujourd'hui, le fameux brainstorming se fait par doses plus ou moins homéopathiques et chacun se les remue lui- même (les méninges) selon la personnalité et le dynamisme du formateur qui anime.

Là, les formations en place pourraient répondre aux attentes si les animateurs en question savaient prendre en compte les envies, les objectifs et la personnalité de l'individu ou des individus pour lesquels normalement ils exercent leurs métiers.

Chacun d'entre nous vit sans trop savoir d'où il vient, où il va et surtout qui il est. Etrange destinée que cet être qui vagabonde sur le sentier de la vie sans avoir un objectif à atteindre.

De nos jours c'est d'autant plus vrai dans l'univers de l'emploi. Nous pouvons donc comprendre le désert qui s'étend devant les jeunes quittant le monde de l'éducation nationale.

La vie devient alors un étrange parcours pour celui qui erre en égrainant jour après nuit le chapelet du temps que le corps subit.

Ce corps qui, pour certain, n'est que la représentation physique de l'être.

Etre que nous sommes et qui pourtant est mu par une énergie subliminale et doté d'un esprit. Certains font même une distinction entre le bon et le mauvais esprit.

Au fil de ces longs discours, philosophiques et souvent barbants au possible, sur notre simple existence, que j'ai pu entendre, je me suis arrêté aux trois composantes fondamentales qui la régissent. Energie, esprit et corps.

Des expressions importantes circulent dans les mots de tous les jours sans pour cela que nous détections l'importance de ce qu'ils représentent réellement dans notre mode de fonctionnement :

"Sain de corps et d'esprit"

"Il fait preuve de beaucoup d'esprit"

"L'énergie est source de la vie"

"C'est une personne énergique"

"Il vous faudra beaucoup d'énergie"

"Il a dépensé beaucoup d'énergie"

"Les soins du corps"

"Votre corps est votre image"

"La plastique du corps"

"La gymnastique du corps et de l'esprit"

Tous ces mots prennent leur dimension lorsqu'on se penche réellement sur notre identité pure.

Celle qui nous caractérise dans nos différents contextes de vie. Celle qui fait qu'on nous remarque, nous regarde, nous écoute ou nous suive.

L'aura qui nous entoure est le seul vêtement dont un être, nu à l'origine, peut se parer.

Notre corps est, comme je l'ai déjà dit en trois dimensions :

Corps, Esprit, Energie.

Cela s'appelle également, dans notre langage, la personnalité. Chaque être est le seul créateur et le seul réalisateur de sa personnalité.

Chaque être peut la dessiner, la bâtir et la coudre à sa mesure. Mais attention il faut qu'elle lui colle parfaitement à la peau (un justaucorps en quelque sorte) car il en est l'unique porteur tout au long de sa vie.

Cette personnalité se définit au travers de trois sphères ou bulles dans lesquelles nous vivons sans cesse. Nous passons tour à tour dans l'une ou l'autre de ces sphères.

La distinction se fait en fonction de ce qu'on met en avant de soi, de ce qu'on montre de soi et dans quel contexte.

Nous évoluons principalement dans trois sphères:

- <u>personnelle,</u>

- <u>sociétale</u> (j'emploie ce terme volontairement car "social" me semble avoir parfois une connotation politico-négative)

- <u>professionnelle.</u>

La sphère personnelle englobe notre représentation physique, le contrôle et l'intensité de notre énergie, et toutes les informations qui sont en nous. Notre fonctionnement dans l'univers de l'intime, notre savoir être.

La sphère sociétale renferme en elle tous les aspects comportementaux, notre mode de fonctionnement vis-à-vis des autres, notre mode de communication en société.

La sphère professionnelle sera basée sur nos compétences acquises et nos références éducatives, notre savoir-faire.

Je donne une définition particulière mais cependant réaliste à la personnalité :

Graphisme des 3 sphères représentatives de l'humain.

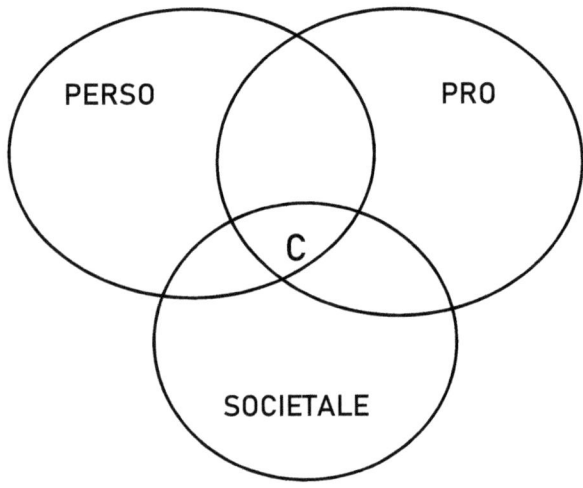

La personnalité est l'identité que l'on se crée par le recouvrement de ses trois sphères.

La personnalité est égale à la reconnaissance commune que l'on peut avoir par l'ensemble des récepteurs (autrement dit les autres) existants dans les 3 zones (point C).

Plus clairement, vos proches, ceux qui partagent votre intimité, qui vous connaissent hors de vos représentations en société et hors de votre contexte professionnel, vous côtoient dans votre sphère personnelle. S'ils parlent de vous, ils vous définiront selon ce que vous leur avez montré de vous.

Vos collègues de travail vous côtoient dans votre sphère professionnelle. S'ils parlent de vous, ils vous définiront avec les éléments que vous laissez transparaître durant les périodes d'exercice de votre métier.

Dans votre vie associative, sportive ou autre, enfin tout ce qui relève du contact dit social (qui n'entre ni dans la sphère personnelle, ni dans la sphère professionnelle), vous afficherez votre sphère sociétale qui n'est probablement pas la copie conforme des deux autres. Les gens qui vous côtoient dans cette sphère n'auront pas spécialement les mêmes références que vos proches ou vos collègues de travail et leurs descriptions de vous ne seront pas forcément à l'identique.

Par contre, si plusieurs personnes évoluant avec vous dans vos différentes sphères se rencontrent et parlent ensemble de vous, il y aura certainement des similitudes et des points de reconnaissance.

Ils auront l'impression de parler de la même personne. Tous ces points communs seront alors le reflet de votre personnalité.

Imaginons une personne qui pourrait se définir de la façon suivante :

- homme très cultivé, plein de savoir, autodidacte, assoiffé de réussite et voulant être reconnu. Il entretient parfaitement son image personnelle sur tous les plans : esprit par la culture, physique par le sport et énergétique par la parfaite maitrise de ses potentialités.

Cet homme cherche à se connaître, chose qu'il pense acquise pour le personnage à qui je fais allusion. Il a donc en lui un rayonnement, sa sphère personnelle est donc bien gonflée.

Mais est-elle vraiment en interférence avec sa sphère sociétale. Je n'en suis pas tout à fait convaincu car cet homme va parfaire, voire surfaire son image en développant la médiatisation de celle-ci.

Homme de communication, il va entrer en politique comme on dit dans les milieux autorisés. Son aspect sociétal va aussi être gonflé à bloc. Si de surcroît il propage son image par l'intérêt au sport sa sphère va se remplir, mais va-t-elle déborder sur sa sphère professionnelle. Tout ceci est moins sûr.

En effet, ce type de personne généralement assoiffée de reconnaissance veut bien entendu aussi avoir la réussite professionnelle.

Posséder, posséder encore et défendre l'image de leur réussite.

Alors résumons :

Cet homme est reconnu dans sa sphère sociétale, comme l'homme des médias lors de ses passages ou interventions télévisuels, l'homme politique à l'assemblée ou par ses déclarations, et monsieur sport un jour de match.

Sa sphère sociétale s'illuminera comme un vrai sapin de Noël, mais sa sphère professionnelle n'aura, à ces instants, aucun éclat pas plus d'ailleurs que sa sphère personnelle, qui, elle, déclenchera des réactions contraires à l'attente de son ego.

On dira de lui :

« il est bien, mais il en fait trop »

et il deviendra, à terme, la cible d'autres personnages identiques à lui qui joueront à :

« Je te tue, tu me tues mon ou ton image, le premier de nous deux qui tombera sera une carpette… »

La sphère professionnelle sera aussi dangereuse et éloignée des deux autres sphères. Il sera donc évident, pour cet homme, que les professionnels des affaires le reconnaissent à sa juste et grande valeur.

Mais le jeu de massacre sera tout autant ouvert.

On dira de lui que c'est un grand manager ou un grand homme d'affaires.

Mais dans ce milieu là, on ne parlera pas ou très peu de la réussite ou de l'échec qu'il peut développer dans l'une ou l'autre de ses sphères.

Il est donc important de constater que les trois sphères du monsieur en question, sont très distinctes, peut-être contiguës mais pas profondément et intimement liées.

Ce fameux personnage lorsqu'il se mettra en première ligne, dans l'une ou l'autre de ses sphères, ne sera reconnu que par les gens fonctionnant dans la même sphère au même instant. Car il est évident pour tous, qu'on ne mélange pas le sport, la politique et les affaires du moins avec autant d'ampleur que cela a été fait. Très souvent c'est le personnage qui le dit lui-même.

Nous allons représenter graphiquement le positionnement des trois sphères de ce personnage sur lequel certains d entre vous mettrons un nom.

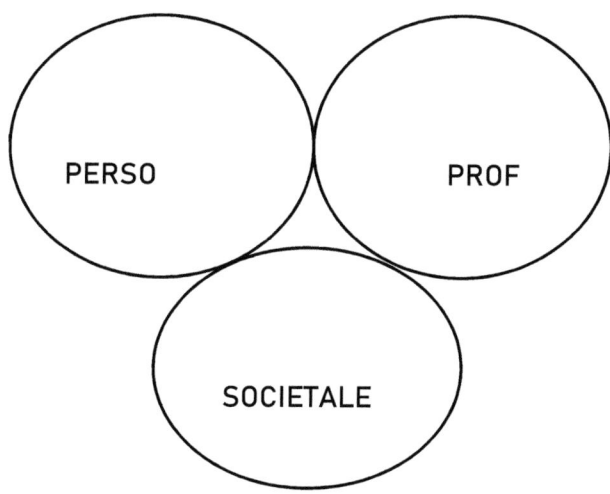

Cherchez l'existence de la parcelle de personnalité C.

Le jour ou l'une de ses sphère est détruite, (nul n'est à l'abri de l'échec), il sera seul, renié et rejeté par ceux de la même sphère qui auparavant l'avaient adulé et porté au sommet.

Le phénomène sera identique dans les trois sphères. Elles subiront alors une réaction en chaîne et, cet homme n'aura plus de soutien. Il sera seul face à lui-même et n'aura pas la possibilité de rebondir.

Nul ne peut ressortir indemne d'une telle chute, il faut du temps, de la patience pour panser les blessures et faire le bilan de l'échec.

Mais rien n'est impossible, avec beaucoup d'écoute et une bonne dose d'humilité, il est tout à fait possible de reconstruire « en dur » et non pas en préfabriqué comme c'était le cas, chacune de ses trois sphères et de tout mettre en action pour devenir un être humain, que vous auriez du être monsieur...

Par mesure de respect envers vous, je dirai que toute ressemblance avec une personne existante ou ayant existée ne serait que pure coïncidence.

22 ans plus tard la coïncidence a pris la réalité en pleine face.

Tout ce qui a été développé auparavant depuis le schéma de fonctionnement du cerveau jusqu'à la définition de la personnalité, peut paraître comme étant des théories basiques et quelque peu primaires.

Je n'ai certes pas la prétention de m'adresser à un public de scientifiques.

Je vous invite simplement à visualiser mentalement cette théorie afin que vous puissiez décrypter d'une manière peu complexe, des bases de fonctionnement de l'être humain.

Ensuite chacun doit réfléchir en son âme et conscience sur le bien fondé et la nécessité de l'Ego-regard (regard de soi sur soi).

La connaissance de soi se fait par le reflet du regard des autres, alors :

- n'hésitez jamais à vous montrer tel que vous êtes.

- Exposez la nudité de votre cœur, de votre âme, de votre être et de votre vie. Jamais vous ne choquerez. Seul parmi les autres, vous vous reflèterez dans le simple miroir de votre vie.

- Observez-vous sans cesse et ne vous mentez jamais. En sachant qui vous êtes, vous saurez ce que vous pouvez faire. Ceci vous procurera des rêves que vous pourrez réaliser.

Le rêve est beau quand on peut l'atteindre. Quand j'entends "il ne faut pas rêver" je ne suis pas du tout d'accord, un rêve se réalise toujours si on sait le faire fructifier ou alors ce n'est pas un rêve mais un fantasme et même les fantasmes peuvent être vécus. Mais attention aux dangers, nous sommes des êtres fragiles et avant de courir, il faut savoir marcher.

L'ENFANCE

Dès notre venue au monde, l'ensemble de nos capteurs sont en action. Chaque bruit, chaque son, chaque variation de lumière, chaque odeur, chaque saveur, chaque toucher, chaque émotion est photographiée par notre corps (hardware) et est stocké dans notre inconscient.

Notre intra sensoriel est en éveil et fonctionne au maximum de ses possibilités. Les capacités à émettre sont encore limitées puisque le langage avec l'environnement n'est pas encore codifié.

L'adulte n'est pas naturellement réceptif au langage de l'enfant. Le nouveau-né parle son dialecte, il a ses mimiques. Seule sa mère, qui neuf mois durant l'a porté en son ventre, a pu s'initier à son mode de communication et à son interprétation, elle croit savoir décoder.

Elle saura, si elle est attentive, reconnaître les différentes variantes des pleurs. Il pleure parce qu'il a faim ou soif, parce qu'il a mal ou, parce qu'il ne trouve pas son sommeil, parce qu'il a peur, parce qu'il a chaud ou froid, etc...

Les actions alors mises en œuvre sont autant de programmes que les parents ou, autres adultes entourant l'enfant, vont essayer de lui faire ingurgiter en fonction de leurs propres acquis.

Ils tenteront, à leur tour d'imposer l'image du modèle qu'ils ont déjà reçu à grand coup de répétitions ou de crises d'autoritarisme souvent appuyées de punitions ou frustrations répréhensibles.

Dans certains cas même, le fait que ce mini récepteur qu'est le petit être n'enregistre pas assez rapidement ou ne mémorise pas assez bien les programmes fait réagir les parents à coup de sévices corporels comme la baffe qui plus tard prend l'aspect de l'éducation pediculo-thérapique, c'est-à-dire le dressage par les coups de pieds au cul.

L'éducation familiale prend alors toute sa véritable dimension.

En général c'est la mère qui s'occupe de l'éducation de l'enfant au quotidien. Elle doit, à priori, avoir les connaissances en son sein, être le seul maître et le seul juge des actions du "petit".

Si maman est elle-même, totalement dépendante des lois et des règles de sa propre mère, le petit n'intègre alors que les résidus des programmes d'antan.

Le petit aura les plus grandes peines du monde à trouver une forme quelconque d'autonomie, si un jour les programmes dont on le gave lui laisse entrevoir que celle-ci peut exister.

L'enfant a la plus grande salle de cinéma du monde dans sa tête avec les données qu'il a déjà enregistrées.

Il devient le meilleur réalisateur, il se fait et se monte les plus beaux films dont il est le seul et unique spectateur (son programme PSI est déjà installé). Tous ses films sont issus de la même société de production :

LE REVE.

Les films produits, recouvrent l'ensemble des catégories cinématographiques existantes : la fiction - l'épouvante - la comédie - le drame et le mélodrame - l'aventure - le dessin animé – etc... La partie droite du cerveau de l'enfant fonctionne à plein régime.

Et là-dessus, maman vient l'obliger à mettre en marche la partie gauche en lui expliquant qu'avec les programmes qu'elle lui apprend au quotidien, il faut qu'il stocke les données que les adultes vont lui entrer dans la tête malgré lui.

Prenons l'exemple de l'enfant dans sa chaise, au cours d'un repas, devant son assiette de purée, il inhale un certain parfum, voit une certaine couleur et une certaine forme.

Il trempe le doigt dedans pour modifier et faire évoluer l'image qu'il en reçoit. Il perçoit un goût particulier, bien à lui lorsqu'il met ensuite le doigt dans sa bouche.

Et là supposons qu'il n'aime pas ça, son "blublublu" est de rigueur et il éclabousse l'environnement. La maman toujours vigilante arrive :

- « Petit cochon, regardes ce que tu as fait. Ce n'est pas bien du tout. Il faut bien se tenir à table et manger pour devenir grand et fort comme papa. Puis tu dois manger avec ta cuillère, comme le fait ta grande sœur. Allez, essuies-toi la bouche, prends ta cuillère et manges comme un grand sinon maman va se fâcher et va le dire à papa qui ne sera pas content du tout ! ».

Et voilà, on essaie de faire rentrer des programmes dans la tête de bébé, et ceux-ci doivent ressembler aux programmes et aux données qui sont déjà installés dans nos cerveaux d'adultes, sans même voir ou tenter d'apercevoir ce qu'il y a déjà à l'intérieur du petit être qui se débat avec son assiette de purée.

Moi, il me plaît de croire que bébé a déjà en lui des programmes et des données, bien sûr primaires ou basiques, mais bien mieux adaptés que les nôtres et qu'il suffirait tout bêtement de les faire évoluer pour répondre plus justement et d'une manière plus adéquate à la situation.

Il est vrai que ce qu'il y a dans l'assiette de bébé aujourd'hui ne ressemble pas du tout à ce qu'il y avait dans l'assiette de maman ou de grand-mère autrefois, même si cela s'appelait aussi de la purée.

Alors pourquoi faudrait-il utiliser les mêmes programmes sachant que les données stockées dans le cerveau de bébé n'ont vraiment rien à voir avec celles qui encombrent aujourd'hui les cerveaux de maman ou grand-mère.

Je ne développerai pas ici l'ensemble des exemples se rattachant à l'éducation familiale, ce n'est pas mon objectif. Mais je pense qu'il est important de bien observer et de raisonner en termes de programmes et de données, comme nous l'avons décrit dans la théorie de l'ordinateur.

A ce stade de l'enfance, il est inconcevable de croire que l'enfant est capable de pouvoir fabriquer lui-même des programmes logiques fonctionnels, lui permettant l'adaptation à son environnement. Sa personnalité lui permet de se construire des programmes certes, mais uniquement pour fonctionner dans son univers intérieur ou avec son entourage immédiat et relativement proche.

Je vous laisse le loisir de rapprocher de ma théorie votre propre vécu. Les situations que vous avez ou que vous allez observer autour de vous ne feront, j'en suis pleinement convaincu, qu'apporter de l'eau à mon moulin.

Il est important de noter que le bébé ne mémorise en données que les éléments qui l'ont sensibilisé par rapport à son réactif émotionnel et ou affectif (souvenez-vous des sens primaires).

Il mémorise :
- un bruit qui lui a fait peur,
- les voix de la mère et du père parce qu'ils font des bisous, changent les couches, donnent à manger, habillent pour protéger du froid ou découvrent quand il fait trop chaud,

- les images avec les mêmes critères comme: les variations lumineuses trop intenses parce qu'elles éblouissent,
- l'interdiction de mettre la main sur l'ampoule de la lampe de chevet, auprès du lit, parce qu'il s'est déjà brûlé, et non parce que sa mère lui a interdit,
- etc...

Et puis, un jour on lui parle de lui, on commence à lui faire intégrer et mémoriser sa propre image. Enfin c'est ce que tout le monde pense. On le fait se regarder dans la glace, le miroir familial. Et c'est à cet instant précis que le plus gros mensonge connu, maintenant de vous, commence à faire les plus vilains dégâts.

LA REFLEXION, UNE MATIERE QUI S'ENSEIGNE TÔT

Comment éveiller chez les enfants leur faculté de raisonnement ?

Proposez à votre enfant et à vous même, pourquoi pas, ce problème très simple :

« Dans un tiroir, il y a dix chaussettes noires et dix chaussettes rouges. Les yeux fermés, combien de chaussettes faut-il retirer pour être sûr d'en avoir deux de la même couleur ? »

La réponse est trois.

Ce problème ne suppose aucune compétence spéciale. Mais il exige une aptitude à la réflexion, la capacité d'y voir plus loin que le bout de son nez. Et savoir penser n'est pas donné à tout le monde. Il semble bien, en fait que nos enfants aient grand besoin d'aide dans ce domaine.

Nous "gavons les étudiants de faits" déclare un universitaire.

Pourtant la quintessence de l'éducation est bien d'utiliser l'information pour affronter de nouvelles situations et résoudre de nouvelles questions. Et cela, nous le négligeons. En conséquence, les enfants sont incapables d'appliquer à la vie quotidienne une pensée rationnelle.

Un gamin aura tendance à choisir une bicyclette pour sa couleur ou pour avoir la même que son copain, plutôt que pour le prix, la solidité ou les performances. Ces considérations sont pourtant autrement utiles dans notre vie de tous les jours.

Plus grave, estime un psychologue spécialiste de l'éducation, certains problèmes tels que l'usage de drogue peuvent se manifester simplement parce que les enfants n'ont pas appris à mesurer les conséquences de leurs actes.

Personnellement, je pense que pour l'avenir de nos enfants, et peut-être pour celui du pays, il est plus que jamais capital de leur apprendre à réfléchir.

Comment en sont-ils arrivés à négliger la pensée rationnelle ?

La réponse est complexe. Il existe pourtant une raison évidente et peu réjouissante :

Penser est difficile. Il faut de la rigueur et de la discipline. Mais ces vertus ont été jetées aux orties dans les années 60 et 70, quand la mode voulait que les enfants «fassent ce qu'ils veulent ». La télévision n'a fait que renforcer cette tendance en encourageant à la passivité physique et mentale.

Très souvent, dans les classes, on exige trop peu des élèves en termes de réflexion.

Tout le monde, même les aveugles constatent que si vous faites tout pour un enfant, et si vous lui apportez tout il n'éprouve plus le besoin de raisonner.

Il est de notre devoir d'éveiller et de développer chez les enfants des habitudes de "pensée rigoureuse et critique". Nous devons les préparer à affûter leur esprit pour affronter un avenir où la concurrence sera rude.

Certains spécialistes disent que chez vous il faut créer une "ambiance de reflexion".

Voici comment :

Examinez tout d'abord vos propres convictions en matière de pensée. Ne commettez pas l'erreur de croire qu'un enfant qui est intelligent est automatiquement apte a la réflexion.

En réalité les gens intelligents peuvent très bien se révéler des penseurs médiocres ou paresseux précisément à cause de leur vivacité à trouver des réponses ; alors qu'un enfant lent, réfléchi celui-là même qui se fera gronder, en classe, parce qu'il « rêvasse » fera certainement preuve de plus de perspicacité.

Une mère de famille et institutrice a essayé avec des enfants de cinq ans, en lisant des devinettes en forme de comptines toutes simples :

- « Si la Terre était une tarte aux pommes, et si la mer était remplie d' encre et si les arbres étaient du pain et du fromage , qu'aurions-nous à boire ».

Ensuite, elle amène les enfants à la réflexion par le biais de questions du style :

- « Si une phrase commence par "si", est-ce que ça veut dire que ce n'est pas vrai ? ».

Vous seriez étonnés du bouillonnement d'idées que cela provoque, dit-elle. De cette manière, les jeunes apprennent un mode de pensée qui durera toute leur vie. Elle est persuadée qu'il faut donner aux enfants matière à penser.

- « Faites-leur visiter des musées, lisez, regardez la télévision ensemble. Puis discutez de ce que vous avez vu ou entendu. » rajoute-t-elle.

Ne vous contentez pas de traverser un musée en admirant les pièces exposées, conseille un psychologue. Lancez des questions, suscitez leur imagination :

- « A quoi ressemblerait la Terre si tous les dinosaures revenaient ? »

La famille toute entière doit être mise à contribution. On apprend mieux à faire travailler son esprit en petits groupes, cela favorise l'échange.

Même l'enfant le plus jeune a des idées qui valent la peine d'être exprimées et entendues. Il n'est nullement besoin de suivre un programme rigide. Les conversations autour de la table du dîner sont une excellente occasion d'évoquer et de commenter les événements de la journée.

L'humour vous aidera à prouver qu'il existe plusieurs façons d'envisager les choses. Ainsi un jeu de mots provoque le rire, car il place les mots dans une perspective imprévue.

Une fois établie l'ambiance de réflexion, il est temps de passer à l'étape suivante, le développement de la pensée critique. Plusieurs méthodes vous sont offertes.

Faites le tour d'une question. Edward de Bono, fondateur du Programme pour la recherche sur la connaissance (une méthode d'éducation de la pensée très largement employée aux Etats-Unis) enseigne la technique des "PMI".

Il s'agit de rechercher les « plus », les « moins » et les points « intéressants » d'un sujet donné.

De Bono demanda un jour a un groupe de trente gamins de dix ans :

« Aimeriez-vous qu'on vous paie pour aller à l'école ? »

Il obtint un « oui » unanime et enthousiaste et proposa aussitôt un PMI.

Après quelques minutes de cet exercice, vingt-neuf sur les trente avaient changé d'avis.

Parmi les inconvénients :

« Nos parents ne nous donneraient plus d'argent de poche »,

« L'école augmenterait le prix des repas ».

Ainsi, une réflexion plus poussée avait convaincu le groupe que la réponse immédiatement évidente n'était pas forcément la meilleure.

Pour ces genres d'exercices il faut trouver des grilles d'associations et des fils conducteurs pour susciter les réflexions comme :

- « En quoi cela correspond-il à ce que j'ai appris la semaine dernière ? »

- « Comment puis-je l'intégrer au programme à venir ? ».

Une des bases de l'éducation consiste justement à faire coïncider des bribes de connaissance éparses. En apprenant à reconnaître des modèles, on n'a plus à étudier x fois la même leçon.

Une fois assimilée la palette de critères pour le choix d'une bicyclette, un des premiers exemples, on peut également se débrouiller pour acheter un jeans ou des patins à roulettes.

L'histoire du progrès humain est celle d'un renversement des idées reçues.

Jadis, on se contentait de s'éclairer à la lampe à huile jusqu'à Edison. Les comptables utilisaient crayon et papier pour faire leurs additions, jusqu'à l'apparition de la machine à calculer, puis de l'informatique avec ses logiciels spécialisés.

Les jeunes gens sont moins installés dans des habitudes de penser et plus disposés à remettre en question les sempiternels ;

« c'est ainsi que ça s'est toujours fait ».

Les parents devraient les encourager dans cette voie afin qu'elle devienne une règle de vie.

Il ne faut surtout pas craindre de poser des questions provocantes :

- « Imaginons, que toutes les voitures soient peintes en jaune. Quels en seraient alors, les plus, les moins et les points intéressants ? »

Avantage : « cela reviendrait moins cher de faire peindre sa voiture. »

Inconvénient : « Plus moyen de retrouver sa voiture dans un parking ! »

Les questions qui pousseront un enfant à la réflexion ne sont pas celles du style :

- « En quelle année Hannibal a-t-il passé les Alpes ? »

Affirme Matthew lipman, spécialiste de l'éducation des enfants, fondateur et directeur de l'institut pour les progrès de la philosophie pour enfants à l'université de Montclair, aux Etats-Unis.

Bien au contraire il faut leur poser des questions embarrassantes, à problèmes, qui débouchent sur d'autres questions, et non sur une réponse bien établie, qu'il suffit de connaître par cœur ou de rechercher dans un livre.

Soyez clair et précis. Non seulement cela évitera des malentendus, mais cela affinera les idées.

Le garçon qui habite au coin de la rue est-il l'ami de votre fils ou une simple connaissance ?

Et quand il traite un camarade de classe de « bizarre », qu'entend-il exactement par-là ?

C'est une rude discipline mentale que de définir précisément son vocabulaire, mais cela aidera votre enfant à avoir une conscience plus claire de ce qu'il pense.

Ne vous contentez pas d'une seule opinion. Trop souvent, un enfant exprimera son avis, attendra impatiemment que son interlocuteur ait répondu, puis répétera ce qu'il avait dit la première fois.

Ne sachant pas écouter les autres, il restera ignorant d'idées qui auraient pu élargir son horizon. Amenez-le à envisager d'autres points de vue que le sien.

Par exemple, quand il qualifie un compagnon de jeu de « bête », demandez l'avis d'un de ses frères ou sœurs. Cela pourra lui ouvrir les yeux sur des perspectives insoupçonnées.

De même, quand on prend des informations à deux sources différentes, journal et télévision par exemple, on se rend compte qu'un même fait peut subir des interprétations fort différentes.

Apprenez à vos enfants à se mettre à la place des autres.

Insistez pour que vos enfants essaient d'imaginer les pensées et sentiments d'autrui.

Ce n'est pas facile dès que ça devient personnel, déclare une conseillère d'orientation.

C'est une chose de dire :

- « Imaginons ce que les Anglais ont pu ressentir à Waterloo »,

et une autre, de répondre à la question :

- « A ton avis, que penserait ta mère si tu étais renvoyé de l'école ? ».

Faites-leur exposer leurs idées par écrit. Encouragez vos enfants à tenir un journal. Ecrire est un exercice intellectuel rigoureux. C'est un excellent entraînement à la pensée. En fait, c'est penser.

Pensez à l'avenir.

Incitez les enfants à envisager les perspectives à court, moyen et long terme.

Aidez-les à se projeter dans le futur.

L'une des questions les plus importantes qu'un enfant puisse poser est :

"Et après ?"

Il n'est pas facile pour des jeunes gens de penser à demain ou à l'année prochaine. Et pourtant, c'est en fonction de demain qu'ils doivent penser et agir aujourd'hui.

Il faut aussi savoir étudier. La pensée ne peut se substituer à l'information, et vice versa. Toutes deux sont nécessaires au développement intellectuel. Impossible de trouver une nouvelle application aux équations du second degré si vous n'avez pas étudié les dites équations !

Nous devons nous doter d'une bonne dose de ténacité. Les jeunes ne peuvent assimiler du jour au lendemain la gymnastique de la pensée logique.

C'est comme le tennis, la première fois que vous disputez une partie après avoir pris des leçons, il vous semble que vous avez tout oublié et que vous moulinez absurdement mais, très vite, les bons gestes reviennent.

La réflexion demande de l'entraînement. Mais sachez que le jeu en vaut la chandelle.

L'ADOLESCENCE

L'adolescence permet de pouvoir prendre conscience de sa propre autonomie quasi totale. Plus précisément, c'est le moment de la vie où l'être raisonne avec les deux hémisphères de son cerveau.

Notre ordinateur, à cette période de notre vie, fait la comparaison entre les données et les programmes qu'il a jusqu'à présent ingurgités. Il analyse et compare sans cesse en élargissant les champs de références. Il élabore ses propres programmes et commence à les tester seul hors du contexte familial, hors du contexte institutionnel de l'éducation et de l'instruction.

Il essaie, il tente, il ose d'autres programmes. Il véhicule seul, son image et l'insère dans des scénari qu'il construit avec d'autres adolescents ou des adultes.

Cet environnement choisi délibérément, peut lui apporter des réponses aux questions qu'il se pose. Mais si cela peut être positif, les réponses aux questions peuvent également être totalement destructrices.

L'adolescence est l'instant de la vie où l'on a le plus besoin de se connaître.

L'ensemble de notre être a bien sûr évolué depuis l'enfance, et notre ordinateur a beaucoup plus de mémoire. Il a beaucoup plus de programmes, et plus de possibilités d'emmagasiner d'autres programmes.

Il fait donc un tri, conscient ou inconscient, des programmes stockés. Il devrait éliminer les programmes inutiles, voire inutilisés, qui encombrent sa mémoire. Les programmes similaires ou qui se recoupent envahissent la capacité mémoire et créent le doute ou la confusion lors de l'utilisation.

L'adolescent peut également tenter de se construire des programmes totalement nouveaux pour exporter son mode de fonctionnement et véhiculer son image dans des contextes jusqu'alors inconnus.

Avant d'aller se frotter aux autres, il est donc très important, qu'il se connaisse parfaitement et qu'il ait vraiment déterminé les possibilités de son hard (sa mécanique). Il va connecter son ordinateur sur un réseau qu'il ne maîtrise pas.

Le dialogue et le langage de base existants sont apparemment adaptés pour la communication, mais sont-ils suffisants ?

Les programmes sont-ils appropriés à cette connexion en réseau ?

Quels sont les points forts et les points faibles de l'unité de l'adolescent face à ce réseau ?

Le bilan précis est à faire.

Comme pour tout adolescent, la référence se trouve à l'extérieur, il faut aller confronter son image à celle des autres. Analyser et découvrir comment les autres fonctionnent.

Et là, il est très important de se regarder d'abord. L'adolescent utilise d'abord le côté matériel des choses, il raisonne parce qu'il voit, il a besoin de toucher des éléments purement concrets.

La fille est belle, le garçon est beau, il ou elle est grand(e), il ou elle est gros(se), etc...

Viendront, ensuite seulement, les valeurs dites soft (l'intelligence, l'instruction ou les capacités intellectuelles).

L'adolescent est d'abord en admiration devant celui ou celle qu'il va suivre ou auprès de qui il va puiser un maximum d'informations qui lui permettront de développer ses propres programmes.

Mais comme nous venons de le dire, il y a d'abord les valeurs matérielles, alors l'adolescent raisonne par sa représentation physique.

Le fonctionnement de son physique et les possibilités de connexions physiques existantes, le font s'intéresser à beaucoup d'autres modèles complémentaires ou similaires.

Le modèle similaire permet de se situer par rapport aux autres du même sexe.

Bien que ceci soit de moins en moins vrai par le seul fait de la mixité dans les écoles.

Les garçons cherchent à comparer leur "zizi" et les petites filles le développement de leur poitrine.

C'est à ce moment précis que s'installent les complexes et les blocages.

Il est important que chaque adolescent se situe par rapport à la nudité et par rapport à sa propre nudité. Il devrait avoir le film complet de l'ensemble des nudités de l'enfance jusqu'au vieillard, et ce sous une forme purement pédagogique et non vulgaire.

L'adolescent devrait recevoir une véritable éducation sexuelle.

Vous me direz que cela existe aujourd'hui à l'école, d'accord mais je pense que celle-ci ne reste qu'une information préventive et superficielle. Je crois qu il y a beaucoup de choses à modifier et que ce n'est pas sous la forme de l'enseignement actuel que nos enfants en saisiront l'essence.

Cela devrait pouvoir s'expliquer autrement que par le :

« comment se fabrique un bébé ou, l'art et la manière d'utiliser un préservatif »

Le thème de la nudité peut s'aborder par quelques réflexions.

Pourquoi les adolescents, comme les adultes d'ailleurs, se sentent-ils aussi mal à l'aise vis-à-vis de la nudité ?

Est-ce dû à l'éducation religieuse, qui au travers de l'église a longtemps traité la naissance humaine comme honteuse car elle était le fruit du péché (tout au moins avant le baptême).

Serait - ce parce que l'homme naît nu ?

Nous avons tous eu connaissance que dans certains pensionnats, autrefois, les enfants ne pouvaient pas prendre de bain nus. Ils étaient dans l'obligation de se couvrir d'une grande robe noire sous prétexte que l'ange gardien du sexe opposé risquait de surprendre la nudité de son protégé et d'en être offensé.

Aujourd'hui, heureusement cela ne doit plus être de rigueur et, j'espère que tous les enfants prennent le bain nus.

Mais l'ensemble de ces tabous gravitant autour de l'autre sexe ou du sexe de l'autre demeurent. Puisque rares sont les établissements où les enfants ou les adolescents prennent des douches ou des bains nus avec les autres du sexe opposé.

Je constate que tout un système de transmission de programmes éducatifs a été repris de génération en génération, auquel s'ajoutent les mœurs de société qui ont conditionné l'être à une pudeur instinctive pas toujours très saine. Cette pudeur sert trop souvent de paravent.

Sans aucun doute, un peu de tout cela doit être responsable de cette attitude, mais il existe bien d'autres raisons.

Les vêtements différencient les hommes dans leur sphère sociétale et permettent aux uns de se distinguer des autres.

Une certaine publicité disait que l'on reconnait un homme à sa voiture, je pourrais dire la même chose de la manière de se vêtir. L'habillement est une manière d'accentuer les caractéristiques de l'égo, de se sentir fort et en sécurité et quelque part, différent, voire supérieur.

L'homme, sauf dans l'intimité, n'aime pas se dévêtir car il serait obligé alors d'abandonner son prestige social, de laisser tomber la façade d'un faux moi et d'être ce qu'il est en toute simplicité.

Pour se montrer nu, il faudrait cesser de vouloir paraître, à moins que la nudité ne devienne une autre manière de vouloir se distinguer de la foule. S'il existe des raisons de ne pas vouloir se montrer nu, il y en a bien d'autres au fait de se vêtir.

Pour la plupart des citoyens, vivant dans des conditions peu favorables qui déforment le corps, le vêtement permet d'embellir ou, plutôt de cacher les défauts physiques.

De ce fait, le naturisme est condamné à ne jamais s'étendre au-delà d'un petit nombre de personnes, de plus les vêtements augmentent l'attrait sexuel.

« La plus belle robe qu'une femme puisse porter est celle qui donne envie de lui enlever ».

Cela s'imprime déjà chez l'adolescent qui regarde l'autre, du sexe opposé, au travers de la loupe des émissions, revues ou autres supports qui amplifient d'une manière malsaine l'excitation nerveuse et psychologique.

Vous pouvez prendre ici conscience de ce que peut être la provocation.

Quel paradoxe, cela ne veut pas dire que la nudité éliminerait la sexualité mais elle diminuerait certainement la sexualité maladive, la débauche et les crimes sexuels, du fait que les sens et les nerfs moins troublés par l'imagination, retrouveraient plus facilement le calme et l'équilibre.

Il ne s'agit donc pas d'éliminer le sexe, mais les constructions mentales et imaginatives pathologiques qui l'entourent.

Le refus de la sexualité peut être le résultat d'une conception qui sépare la spiritualité du quotidien, la matière de l'esprit. L'homme est alors déchiré entre ses tendances soi-disant animales et idéalistes, ce qui l'amène à mépriser la femme dont il se sent l'esclave.

On peut oublier alors que tout est en tout, qu'il n'existe pas de différence essentielle entre une action et une autre, que la vie est régie par la sagesse divine et que l'acte sexuel peut devenir l'occasion d'un oubli de soi et d'une communion profonde, la plus belle image de l'échange entre les êtres.

En plus de la nudité physique, il existe aussi la nudité psychologique cause d'une honte beaucoup plus importante encore. La nudité psychologique se fait sentir lorsque quelqu'un découvre en nous des manques de connaissances ou d'aptitudes.

Nous ressentons alors cette étrange pauvreté intérieure, disons nudité, provoquée par la sensation que quelqu'un nous a dévoilé, a vu au travers de nous.

C'est alors que la honte nous envahit, et que le sang se dirige vers la périphérie de la peau et nous sert en quelque sorte de vêtement.

Le sang qui monte ainsi a pour effet de diminuer notre prise de conscience trop aigüe de nos faiblesses ou de nos défauts. Il sert de voile entre la personne en face qui nous regarde et notre psychisme démasqué.

Qu'il s'agisse de nudité corporelle ou psychique, la honte est le signe de quelqu'un qui ne juge pas d'après les normes conventionnelles mais sur des points de vue uniquement superficiels. L'accent est mis sur les apparences, les connaissances acquises, etc...

C'est pour cela qu'en Inde lorsqu'un yogi n'est plus assujetti à la tyrannie de l'ego et à l'emprise sociale, il vit souvent nu, démontrant par là que, s'étant dépouillé et n'étant plus identifié au corps ni aux connaissances intellectuelles il n'a plus aucune raison d'avoir honte de sa nudité.

On pourrait se demander si l'attitude chrétienne envers la nudité, n'a pas été le résultat d'une interprétation partielle de l'histoire d'Adam et d'Eve lorsque dans la genèse (3:7)

"Les yeux de l'un et de l'autre s'ouvrirent. ils s'aperçurent de leur nudité".

Le jardin d'Eden représente l'âge d'or, c'est à dire la période où les humains n'étaient pas encore coupés du monde spirituel et où les yeux n'étaient pas encore ouverts aux phénomènes matériels.

La vision était alors spirituelle et fonctionnait non pas grâce aux yeux physiques, mais grâce à l'œil psychique connu sous le nom de troisième œil.

A un moment dans l'histoire de l'humanité, ce bel œil spirituel a commencé à se fermer.

L'homme perdit peu à peu sa vision des mondes occultes et en même temps sa perception de l'Aura diminua progressivement (l'ensemble des corps subtils et des corps colorés qui entourent le corps lui-même).

Lorsque enfin son troisième œil se ferma complètement l'homme ouvrit ses yeux sur le monde extérieur et, au lieu de voir l'autre, il vit le corps qui, n'étant plus habillé par l'aura, parut nu.

Jusqu'alors la perception de l'aura empêchait de mettre l'accent sur le corps et sa nudité.

Adam eut peur d'être nu c'est à dire de ne plus voir l'aura, d'être coupé du spirituel et de se trouver dans un monde objectif apparemment coupé de Dieu.

Vu sous cet angle, il serait faux de confondre la nudité d'Adam et d'Eve avec la simple nudité physique car il s'agissait de bien autre chose. La nudité n'a rien de méprisable en soi puisqu'elle constitue l'état naturel du corps.

Je me demande souvent comment les lois ont pu interdire la nudité publique, alors que c'est le vêtement qui favorise le vice et la débauche.

La criminalité sexuelle s'est introduite en Afrique depuis que l'on a voulu "civiliser" les Africains en les habillant !

Mais revenons à notre adolescent qui est un observateur attentif du monde des adultes, dans le seul objectif de pouvoir se construire des programmes, qui lui permettront de se connecter et de dialoguer avec les grands.

Il capte trop souvent une image déformée et perverse. Il lui est donc difficile d'avoir un regard objectif face à sa nudité et à celle des autres.

Pour l'enfance, nous avons parlé de la perception de sa propre image par l'intermédiaire du miroir. L'image et la découverte de sa nudité et de ses réactions physiques se font chez l'adolescent, par l'ensemble de ses capteurs qui stockent les images entrées en données et celles-ci ne sont pas toujours tout à fait à l'endroit.

Celles perçues par la photographie visuelle, dans le miroir, sont tout à fait à l'envers, les autres sont également faussées par le jeu théâtral que jouent les adultes (merveilleux comédien de la vie).

L'apparence de l'image sociale et le jeu de la nudité deviennent un acte de perversité.

La réalité de ce que chacun représente n'existe pas sous la forme d'état vérité, l'acte d'amour devrait être un spectacle éducatif conseillé, basé sur la beauté de la commnunion charnelle avec les jeux qui l'entourent dans le respect de soi et de l'autre et non pas du théâtre érotique ou pornographique où s'exhibent des bipèdes à des fins financières, pour exciter une population de spectateurs en quête de relations bestiales.

Face à cette situation, l'adolescent est perdu entre le monde des adultes dans lequel il n'a pas encore les moyens de s'introduire, et son monde d'adolescents où les uns n'ont pas forcément plus d'informations que les autres.

Alors, il part dans la découverte sauvage, l'âge du tout et n'importe quoi, l'âge où l'on touche à tout où l'on essaie et on voit. L'âge où tout se définit entre notre situation de voyeur ou d'exhibitionniste en fonction du vécu et du quotidien.

L'âge où en fonction de ce vécu, une situation de repli s'installe, seuil de la timidité ou de la honte d'aller vers l'autre sexe, le temps des angoisses.

L'adolescent ayant vécu ce malaise, ou cette honte, peut alors se réfugier dans le jeu, douteux parfois, de la nudité avec les gens du même sexe. S'il trouve dans ce jeu du plaisir et de la compréhension il s'ouvre à cet instant les portes de l'homosexualité qui peut être soit négative ou positive. Seul l'intéressé pourra donner la réponse par le vécu et le bien ou le mal être qui en découlera.

Trop souvent, des jeunes garçons ou des jeunes filles ont tenté une première expérience, qui s'est révélée malheureuse, avec un adolescent du sexe opposé sans jamais en parler à personne.

Dès lors, le manque d'informations et de communications saines et honnêtes laisse des traces difficilement effaçables.

Dans la plupart des cas, cet échec va naturellement les conduire vers les gens de leur sexe pour tenter de découvrir comment ceux-ci fonctionnent ou, ce qui pourrait rassurer avec eux.

Ces derniers sont, en général, plus âgés qu'eux et de bons pédagogues en apparence, mais ils sont trop souvent dotés d'une bonne dose de perversité. Ceux là savent pertinemment que l'adolescent est en général d'abord spectateur ou voyeur ce qui facilite les rapports lorsque eux, adultes, sont en mal d'originalité sexuelle.

Ils trouvent un malsain plaisir dans l'exhibitionnisme et jouissent d'un immense plaisir en étalant devant l'adolescent leur expérience et leur douteux savoir.

Cette situation devient à terme un dangereux pouvoir face aux adolescents non encore armés donc crédules.

L'adolescence est, je crois, le terrain le plus miné de notre vie.

L'ADULTE

La période la plus longue de notre vie, celle ou les capteurs sont souvent en état de veille parce qu'on a l'impression d'avoir les programmes suffisamment affûtés pour aller jusqu'au bout de l'existence.

C'est aussi durant ce passage que nous oublions malheureusement de mettre à jour notre stock de données. Deux phénomènes ou attitudes sont alors à l'origine de cette carence :

- l'habitude de fonctionner avec un certain nombre de données, qui apparemment ont été, jusqu'à présent, suffisantes pour faire face aux besoins du chemin dejà parcouru,

- la méconnaissance de soi, de ses programmes et du stock de ses données,qui dans ce cas, ne sont que peu ou pas mis à jour.

Il est, je crois, important de noter que l'adulte par suffisance, prétention ou, pour ne pas égratigner son égo, refuse très souvent d'analyser, avec objectivité et vérité, ses carences en données ou en programmes.

Il croit, mais c'est rarement juste, que les ensembles qu'il a installés en son être sont à leur apogée. Il enclenche le pilote automatique et se laisse porter dans un état de somnolence qui l'ampute de la vigilance nécessaire à l'adaptation au quotidien indispensable pour ne pas se laisser larguer.

L'accoutumance au parfait laxisme commence généralement assez tôt, chez ceux que j'appelle les jeunes vieux, par la dégradation des capteurs.

L'individu a l'impression qu'il avance en parfaite tranquillité, plein de son savoir devenant maître, éducateur, formateur, vis-à-vis de son entourage et ce dans chacune de ses trois sphères.

Mais le fait de ne plus utiliser ses sens pour stocker de nouvelles données et de ne plus être confronté à l'obligation de créer de nouveaux programmes, ferme beaucoup de portes.

Les portes que l'on n'ouvre plus sont souvent très difficiles à manœuvrer, voire totalement impossibles à ouvrir si les gonds sont trop envahis par la rouille.

L'huile trois en un du cerveau n'existe pas encore !

OUVREZ LA PORTE AU BON SENS

Au diable la routine et les préjugés...

Qui n'a pas un jour oublié ses clefs dans sa voiture ou jeté une adresse importante dans la poubelle ?

Un de mes collègues raconte cette histoire à propos des habitudes.

Un jour qu'il était invité chez une de ses amies, il l'a suivie dans sa cuisine pour l'aider à préparer le rôti du dîner.

Avant de le mettre dans le plat puis au four, elle en coupa une petite tranche. Etonné, il lui demanda pourquoi elle coupait cette tranche. Elle répondit qu'elle avait toujours vu sa mère faire de même.

Mais la curiosité de la jeune femme était piquée, et elle téléphona à sa mère pour lui demander pourquoi elle rognait toujours ses rôtis avant de les mettre au four.

« Parce que j'ai toujours vu ma mère le faire »

lui répondit-elle.

De plus en plus intriguée, elle posa la même question à sa grand-mère qui, sans l'ombre d'une hésitation, répliqua :

« Parce que, sans faire cela, le rôti n'aurait pas tenu dans mon plat ».

Les exemples qui suivent prouvent que, lorsque nous prenons une vérité pour acquise, nous fermons la porte au bon sens. Au contraire, quand notre esprit critique reste en éveil nous demeurons entièrement ouverts à toutes les possibilités que la vie peut offrir.

Chaque situation rencontrée active la communication entre les programmes et les données du cerveau.

Nous mettons en marche notre intelligence, et le simple fait de la faire fonctionner évite son atrophie et peut même la renforcer.

A tout problème, il n'y a pas une solution unique. J'ai fait une expérience pour observer la réaction conditionnée des gens. Dans la salle de cours, une assistante de formation complice, simulait des nausées à répétition. Je demandais alors à un des stagiaires de bien vouloir aller lui chercher du primpéran à la pharmacie voisine.

La pharmacienne, également complice, ne devait plus avoir cette marque, mais ne devait pas proposer de produit similaire d'une autre marque. Nous avons répété ce test une bonne vingtaine de fois.

Aucun des vingt stagiaires que j'ai envoyés à la pharmacie n'a songé à demander une autre marque.

En conclusion, nous pouvons dire que lorsque les gens ont l'esprit fixé sur une solution, ils renoncent souvent à en chercher d'autres.

Quel que soit votre problème, vous trouverez un moyen d'y faire face si vous acceptez l'idée qu'il n'existe pas de solution unique et absolue, mais plutôt une multitude de solutions possibles.

Se méfier des préjugés. J'ai lu qu'une grand-mère se plaignait d'avoir un serpent dans la tête et que cela la faisait terriblement souffrir. Les médecins ne prirent pas au sérieux ce qu'elle leur racontait et conclurent à la sénilité.

La grand-mère mourut un an plus tard. L'autopsie révéla qu'elle avait une tumeur au cerveau.

Ce type d'observations doit nous faire réfléchir et mettre en évidence la facilité avec laquelle nous tombons tous dans le piège des idées préconçues. Les médecins, confrontés aux "divagations" d'une vieille dame, étaient partis de l'hypothèse que la grand-mère était sénile.

Je suis persuadé que la famille de cette grand-mère, était partie du principe que les médecins étaient des spécialistes et, par conséquent, savaient mieux que quiconque de quoi ils parlaient.

Face à une situation sortant de l'ordinaire, vous devez faire abstraction de tous vos préjugés avant de prendre une décision.

La routine peut engendrer des conséquences souvent négatives.

Un jour, dans une grande surface, j'ai fait quelques petits achats pour une somme d'environ 120 francs. Arrivé à la caisse, je paie avec un billet de 200 francs. La caissière, assez tendue par l'affluence du samedi matin, me rend la monnaie sur 500 francs.

Fort gentiment, je tente de lui en faire la remarque, j'avais à peine prononcé deux syllabes qu'elle me rétorque sur un ton peu aimable :

- « Ecoutez, monsieur, je connais mon métier, je sais ce que je fais, il y du monde qui attend si vous avez une réclamation allez à la caisse centrale ».

Un petit peu froissé par sa réaction à voix haute qui avait fait se tourner tous les regards vers moi, je mis le tout dans ma poche et je suis reparti en sifflotant.

La distraction de la caissière était amusante pour moi, mais l'a-t-elle été pour cette caissière lorsqu'elle a fait ses comptes de fin de journée ?

Notre tendance à agir de façon tellement automatique peut avoir des conséquences beaucoup plus tragiques.

En 1982, un avion de la compagnie Air Florida s'est écrasé au décollage à Washington, faisant 78 morts. Il s'agissait d'un vol régulier à destination de la Floride, et l'appareil était piloté par un équipage chevronné.

L'enquête a établi que si, avant le décollage, le pilote et le copilote avaient bien passé en revue leur liste de contrôle comme d'habitude, ils n'y avaient pas porté un véritable effort d'attention.

Par exemple, ils ont coché sur leur liste de contôle le système de dégivrage des moteurs avant décollage, mais ils n'ont pas pensé à le mettre en marche.

Or ce jour là, les conditions climatiques n'étaient pas celles du chaud climat du sud auquel ils étaient habitués : il neigeait et le givre s'accumulait sur les ailes.

La règle d'or est donc de toujours éviter les généralisations.

Nous avons tendance à user de formules très générales pour décrire nos aversions et nos problèmes. Prenez, par exemple, quelqu'un qui déteste l'hiver.

S'il accepte de faire une effort de réflexion et de passer du général au particulier, il découvrira peut-être que ce qu'il déteste vraiment, c'est d'être emprisonné dans de lourds vêtements.

Alors ce n'est plus l'hiver qu'il déteste car avec des habits légers et bien isolants faits de textiles modernes, il ne sera plus engoncé ni même gêné dans ses mouvements et regardera l'hiver d'un autre œil.

Chaque fois que vous vous obligez à déterminer avec précision la source d'une insatisfaction, vous augmentez vos chances de résoudre le problème et de ne plus rejeter certaines choses en bloc.

Changer de perspective. Les gens se laissent trop souvent arrêter par ce qu'ils ne peuvent pas faire, plutôt que de penser à ce qu'ils pourraient faire. On peut très bien posséder l'idée sans pour autant avoir la technique appropriée.

Un ami de mon fils, jeune musicien jouait des mélodies de sa composition et m'expliquait son incapacité pour les proposer car tous ceux à qui il les présentait lui demandaient d'envoyer la partition.

Or, il ne sait pas écrire la musique c'est un musicien d'oreille. Voulant posséder ses créations et rester maître de ses œuvres il n'avait aucune solution possible.

Après avoir examiner le problème sous d'autres facettes, il compris qu'en s'associant à un autre musicien qui écrivait la musique mais qui n'avait pas son inspiration créatrice, non seulement ses compositions seraient prises en compte, mais lui rapporteraient quelques pécules.

Depuis qu'ils ont réuni leurs talents ils sont devenus tous les deux très productifs. Un changement de perspective peut avoir des effets encore plus spectaculaires.

Par exemple, la plupart des gens face à une douleur quelconque décident d'aller consulter le médecin. Ce qui est d'ailleurs une très bonne initiative.

Lorsqu'ils sont installés dans la salle d'attente très souvent, la douleur commence à s'apaiser. Puis, face au médecin, en décrivant les symptômes ressentis, les patients dédramatisent d'eux-mêmes.

L'ordonnance établie, ils achètent les médicaments prescrits et, le simple fait de posséder la solution soulage encore davantage.

Dès l'absorption la guérison est alors en très bonne voie même si le dit médicament n'est qu'un placebo.

Faites l'expérience en controlant chaque étape, et vous découvrirez que la démarche entreprise par votre cerveau agit d'une manière tout aussi efficace et complémentaire que les médicaments prescrits pour lutter contre la maladie.

Ne pensez surtout pas que l'on peut guérir par le simple fait de la mise en œuvre de programmes et de données du cerveau, ce serait pure folie.

Le miroir objectif pour l'analyse du problème rencontré ne peut être qu'un médecin qui normalement a la connaissance de l'analyse du problème médical que tout un chacun ne possède pas. Lui, il a déjà dans le cerveau les programmes de diagnostic installés.

A l'aide d'exemples de ce genre, nous pouvons faire constater comment la douleur est influencée par son contexte.

Une équipe hospitalière a fait une étude comparative sur deux groupes de patients.

Le premier groupe avait fait un travail sur la relativité de la souffrance en l'envisageant sous des aspects différents de la douleur traditionnellement ressentie. (se couper en bricolant un moteur de voiture fait beaucoup moins souffrir qu'une coupure faite par le papier glacé d'une revue ennuyeuse à lire)

Le second groupe n'avait bien sûr aucune préparation.

Le personnel de cet hôpital a constaté que les patients du premier groupe prenaient moins d'analgésiques et de somnifères, et restaient moins longtemps à l'hôpital que ceux du second.

Etourderies, comportements d'automates, préjugés, blocages sont souvent la marque des esprits fermés. Or, un esprit ouvert permet d'être réceptif à tout ce qui vient du dehors. C'est la clef d'une vie réellement enrichissante.

Le bouillonnement permanent des programmes et des données du cerveau excite l'intelligence et favorise la création de nouveaux programmes qui entraînent le besoin de saisir de nouvelles données. La spirale sans fin de la découverte et de l'enrichissement perpétuel est dynamisé et ne doit plus s'arrêter.

Il faut toujours chercher le nouveau pour connaître la tentation du meilleur.

CONSEILS

Si nous décidons de jouer l'efficacité, nous devons prendre conscience qu'il faut toujours agir de la façon la plus productive possible.

Il paraît bien sûr évident que personne ne peut vous donner ce qu'il ne possède pas et que personne ne peut vous enseigner ce qu'il n'a pas fait ou ce qu'il ne connait pas.

Il est de notre devoir, si on veut réussir, de travailler plus intelligemment et aussi sérieusement que possible, sans sacrifier la vivacité d'esprit (ouverture sur l'extérieur).

Travailler sérieusement ne veut pas dire qu'il faille se prendre au sérieux. Trop de gens s'installent dans une rigueur apparente qui freine les possibilités d'échanges et altère la communication, si enrichissante.

Travailler n'est pas forcément très stimulant pour les zygomatiques, donc je crois que l'on progresse, que l'on est beaucoup plus réceptif et performant lorsque l'on travaille dans un esprit de détente mais avec une grande rigueur dans les tâches à exécuter.

Mes années d'expérience en tant que formateur m'ont prouvé que mes stagiaires étaient plus à l'écoute, intégraient mieux les messages transmis et étaient beaucoup plus performants lorsque je distillais mes cours dans la joie et la bonne humeur. Alors que lorsque j'imposais la rigueur voire l'autorité, une sorte de blocage s'installait et les résultats étaient moindres.

De plus la motivation est beaucoup plus importante pour le stagiaire quand celui-ci vient assister au cours sachant qu'il ne va pas être confronté à une sorte de domination de savoir synonyme de pouvoir qui le fait se sentir dans tous les cas en état d'infériorité.

Pour moi, le bon pédagogue ou formateur est celui qui travaille sur les points positifs de chacune des personnes qui constituent le groupe auquel il fait face.

La recherche des points positifs et la valorisation des êtres permettent d'ouvrir les portes de la participation et de l'état maximum de réceptivité. Dans l'éducation nationale, aujourd'hui les profs démissionnent devant les élèves car ils n'arrivent plus à se faire obéir.

Cette connotation me pose problème. La notion d'obéissance prouverait que seule la discipline est prise en compte.

Si j'analyse le contexte des jeunes adolescents scolarisés, qui représentent la population la plus difficile aujourd'hui à canaliser, je m'aperçois qu'il y a un maximum de violence et de délinquance dès l'entrée en cycle secondaire.

Je constate aussi qu'à partir de la quatrième et ce dans quasiement tous les établissements, ils touchent à la fumette, au chit.

Si nous ouvrions sérieusement les yeux, si nous mettions nos capteurs en action et analysions les faits sans partir dans des improvisations sporadiques, nous pourrions faire une étude réaliste de ce qu'il faut réadapter pour éviter à ces gamins des dérives dangereuses voire mortelles dans certains cas.

Arrêtons de faire croire aux enfants que les résultats scolaires conditionnent leur avenir.

Ils ne sont pas dupes.

Ils voient tous les jours autour d'eux des jeunes avec bac plus deux (ou même plus) remplir les rayons ou faire caissière dans les grandes surfaces.

Ne fixons pas d'objectifs à leur place et ouvrons très vite le dialogue avec eux pour les aider à les définir eux-même avec réalisme.

Trop, parmi eux, ne croient plus, n'ont plus la foi.

Le manque d'implication des parents, souvent trop pris par le tourbillon de la vie actuelle, leur démission face aux problèmes rencontrés, (chômage, tracas financiers, manque de communication au sein de la famille qui passe ses soirées devant la télé,...), plongent les adolescents dans un isolement puisqu'on ne les écoute pas, qu'on ne leur prête pas ou peu d'attention.

Leur sphère personnelle est déjà remplie du parfum de l'échec.

Leur sphère professionnelle, autrement dit leur activité scolaire, motivée au plus haut point par des profs qui ne savent plus par quel bout les prendre, n'est pas non plus spécialement remplie de la réussite.

Il leur reste la sphère sociétale, par laquelle ils doivent prouver qu'ils existent.

Mais comment peuvent-ils se faire reconnaître et savoir qu'ils sont quelque chose ou quelqu'un si ce n'est en se faisant remarquer par le manque de discipline, en imposant la loi du plus fort ou par le fait de montrer aux autres qu'ils fument la cigarette ou tirent un joint.

Les plus respectés fournissent aux plus faibles du haschich et les font entrer dans des réseaux de dealers en les contraignant à fournir à leur tour pour être eux aussi reconnus comme fournisseurs, donc respectés. Ils leurs donnent ainsi, la possibilité d'avoir du pouvoir sur les autres devenus dépendants.

Le cercle vicieux, une fois installé, est difficile à démolir.

Tout simplement parce que les dépendants ont un besoin très lourd d'argent pour assumer leur dépendance. Comme ils peuvent gagner sans peine en fournissant, ils trouvent de nouveaux clients et développent le réseau.

Dans la majorité des établissements scolaires, l'ascendant que les grands ont pris sur les petits fait que la drogue touche des publics de plus en plus jeunes.

Beaucoup trop de parents ne veulent pas entendre le discours et ferment volontairement les yeux devant le phénomène jusqu'au moment ou, souvent trop tard, ils découvrent que leur enfant y touche aussi.

Si par bonheur, un enfant est épargné, qu'il a la volonté et la chance de passer au travers (il en existe des comme ça !), il peut exister par sa sphère professionnelle si les résultats scolaires suivent.

D'autres échappent à la règle, car le contexte familial est à l'écoute sans autoritarisme ni règles trop souples ou trop dures.

Heureusement, leur propre découverte de la vie les ramène souvent à un équilibre plus juste, car l'être humain n'est pas fondamentalement autodestructeur tant qu'il reste maître de ses actes, qu'il gère ses programmes et ses données et qu'il peut, seul, mettre en œuvre son intelligence.

La motivation vient surtout de l'espoir en l'avenir si toutefois celui-ci est pavé des objectifs que chacun s'est fixés.

Notre devoir d'être responsable est d'aider les enfants, les adolescents et souvent les adultes à définir clairement leurs objectifs dans chacune de leurs trois sphères.

C'est pour toutes les raisons precédemment développées qu'il faut se fixer des grands objectifs au-delà du but principal immédiat .

Faites en sorte que vos grands objectifs soient réalistes avant de les poursuivre. Il ne faut pas avoir peur de l'ambition, ne vous contentez d'aucun quota fixé pour des gens ordinaires, dépassez-les.

Le challenge de l'être humain est de mettre en marche son esprit sportif, il fait partie des gagnants en mettant la barre toujours un peu plus haut.

Pour éviter de tomber il faut également surveiller son environnement; il est important de ne pas perdre de temps dans des conflits stupides. Donc ne vous faites pas d'ennemis inutilement, respectez vos adversaires, l'avenir est une énigme.

Ceci est tellement vrai d'ailleurs que mon ami, le chanteur DANYEL GERARD, m' a raconté que lors de ses déplacements aux Etats Unis, il avait pour habitude de toujours échanger quelques mots sympathiques avec le portier et l'homme aux clés d'or de l'hôtel où il descendait.

Etant resté plusieurs années sans y retourner, il fut surpris de voir, lors d'un récent voyage, que le personnel de l'hôtel l'accueillait comme un premier ministre.

Son étonnement atteint son apogée lorsque, dès son arrivée, l'homme aux clés d'or, qui avait bien sûr changé, lui stipula que le directeur de l'hôtel l'attendait dans son bureau.

Danyel entra dans le bureau et entendit :

« Je ne peux que faire le maximum pour recevoir dans mon établissement un homme qui malgré sa popularité a toujours eu de la considération et de la reconnaissance pour des gens qui ne représentent rien dans l'échelle sociale »

En effet la vie et le destin avaient voulu que l'homme aux clés d'or, pour qui DANYEL avait eu quelques égards des années plutôt soit devenu le directeur de l'établissement dans lequel il était revenu.

Il est en tous points évident qu'il ne faut pas s'attarder dans l'inutile mais qu'il est aussi bon quelquefois d'avoir beaucoup d'attention vis-à-vis d'autrui, quand il est positif bien sûr. Ce n'est jamais un mauvais investissement.

La vie est pleine de surprises et si on a semé du bon grain sur sa route, tôt ou tard, on récoltera les fruits de sa semence.

Ceci est aussi vrai lorsqu'on sème des mauvaises graines, la vie se charge toujours de vous rendre la monnaie de votre pièce.

Pensez dans chacune de vos actions, dans chacune de vos paroles aux conséquences qu'elles peuvent engendrer et à la nature de la graine que vous semez.

Chargez-vous sans cesse de positif, répétez-vous systématiquement

- « J'assure la pleine responsabilité de mes actions et de ma vie, mon bien être est entre les meilleures mains possibles : les miennes. »

Je répète souvent à mes stagiaires que le plus grand trésor qu'ils puissent posséder c'est l'image positive d'eux-mêmes.

Je leur impose de se voir en tant que gagnants dans le grand jeu de la vie, de se représenter comme des artisans contribuant à l'amélioration de l'humanité, batisseurs de la société de demain.

Leur propre image doit être celle d'une personne réalisant des objectifs valables.

Je leur fais trouver l'argumentaire qui permettra de valoriser leurs objectifs et de les convaincre eux-mêmes de les atteindre.

Pour cela des méthodes simples, des petits trucs sont très utiles. Personnellement je me répète souvent dans la journée. "Je gagne, je contribue, je réalise, je crois en moi."

Pourquoi les auto- instructions fonctionnent-elles ?

Ce sont des pensées sur vous-même, délibérément répétées que vous avez décidé de rendre vraies.

Transportez-vous mentalement pendant un instant là où vous voulez être et regardez le monde à travers vos propres yeux.

Le sublime est lorsque les yeux fermés, la visualisation est possible.

A force de répétitions les pensées et les images s'incrusteront dans votre inconscient qui lui est totalement dénué de logique.

Et tout se mettra naturellement en œuvre pour les faire aboutir.

Je dis toujours que le subconscient est le bourdon de notre être.

En effet selon la théorie de l'aérodynamisme et les résultats des expériences entreprises, le bourdon ne peut pas voler !

La raison en est que les dimensions, le poids et la forme de son corps par rapport à l'envergure de ses ailes rendent tout vol impossible.

Mais le bourdon qui ignore ces vérités scientifiques, va de l'avant et vole malgré tout... Et chaque jour il butine de fleur en fleur.

Il est également important, à mon sens de savoir tirer profit du mot le plus puissant du vocabulaire :

EQUILIBRE

Qu'il soit physique et ou émotionnel

Un intense travail doit absolument être compensé par des divertissements tout aussi intenses.

Savoir alimenter son esprit par un régime mental positif , fait partie des lois du quotidien.

Donc, lisez des livres positifs, écoutez des enregistrements positifs et de la musique dynamique, et surtout recherchez les gens positifs, évitez à tout prix les gens négatifs.

Ces derniers, à votre insu, altèrent votre vision optimiste et freinent vos élans de confiance en vous.

Bien évidemment le contexte actuel n'est pas des plus favorable à l'entourage joyeux gai et dynamique. Mais néanmoins, en cherchant bien vous pouvez à coup sûr vous entourer et sélectionner un environnement positif.

Quant au facteur émotionnel sachez que la peur est une émotion plus irrésistible que la confiance pour celui qui ne contrôle pas ses pensées. Il est essentiel de veiller à ce que la confiance soit plus irresistible, plus excitante et plus réconfortante que la peur.

Personnellement, je respecte trop mon être et mon avenir pour gaspiller de l'energie à prouver des choses sans importance. Je n'ai pas besoin de le faire. Mais quand mes intérêts vitaux sont vraiment en jeux, je suis un combattant intelligent, plein de ressources, âpre et généralement je gagne.

Pendant que les perdants gaspillent leur énergie à combattre, en général pour des causes perdues, les gagnants évitent le combat, se motivent et restent concentrés sur des objectifs positifs.

J'essaie d'utiliser correctement toutes mes ressources, toutes les forces qui sont en moi. J'évite au maximum le gaspillage. Je m'impose d'activer mon esprit pour des finalités importantes. J'entretiens mon corps pour les seuls défis que je me fixe, et je me garde bien du dosage excessif et du manque d'exercice.

Je me suis mis en tête que je suis avant tout une personne d'idées, que j'ai beaucoup de projets formidables parce que je sais concrètement ce que je veux et j'emmagasine sans cesse des données dans mon subconscient de façon à permettre à mon cerveau de produire les programmes adéquats pour les faire aboutir.

RÉUSSIR C'EST AGIR ET NON PAS SOUHAITER.

Je conseille aussi de transposer les rêves dans la réalité avant d'investir.

J'arrive toujours là où je veux aller parce que je visualise préalablement mes objectifs, qu'ils soient à court, moyen ou long terme.

Mon plan de vie n'est en fait jamais terminé parce que je trouve toujours de nouvelles façons d'améliorer ma vie et de nouvelles choses à apprendre et à apprécier.

Ce qui oblige sans cesse mon cerveau à se remettre en cause pour l'élaboration de nouveaux programmes ou la saisie de nouvelles données. En quelque sorte je stimule en permanence mon intelligence.

Pourquoi beaucoup d'entre vous se lamentent-ils au sujet des cartes qui leur sont distribuées ?

La différence ne se fait pas qu'avec les atouts qu'on a entre les mains, elle se fait plus généralement par la façon d'utiliser les cartes.

On peut gagner avec très peu de jeu et beaucoup d'astuces, et perdre avec beaucoup de cartes majeures en main si elles ne sont pas jouées adroitement.

Acceptez les cartes que la vie vous a distribuées, puis jouez et gagnez le plus possible.

Soyez sans cesse chargé de ses pensées et vous vous rendrez vite compte que les choses que vous ne pouvez pas contrôler ne vous feront jamais baisser les bras.

L'auto motivation vient par la pensée toujours présente des grandes choses que vous accomplissez aujourd'hui et aux plus grandes choses que vous accomplirez demain.

Avant de pouvoir atteindre le succès, les efforts que vous déployez pour l'obtenir doivent être dignes de ce que vous voulez atteindre.

Apprenez à mettre en œuvre les moyens à la mesure de l'objectif à atteindre. Evitez de prendre un char d'assaut pour tuer une mouche et une épingle à cheveux pour tuer un lion.

Vous verrez qu'avec un peu d'entraînement vous obtiendrez rapidement des résultats étonnants. Vous vous sentirez de plus en plus confiant, vous aurez de plus en plus confiance en vous.

Vous vous ferez enfin confiance.

Le succès et la réussite sont comme nous l'avons déjà dit l'aboutissement de nos objectifs. Il faut avoir la foi et être convaincu que les objectifs préalablement définis et valables peuvent être atteints dans tous les domaines, affaires, loisirs, amours, amitiés, etc...

Cela est vérifié par toutes les démarches entreprises pour atteindre ses objectifs. Mais l'un des vecteurs primordial et fondamental dépend en grande partie de l'image que l'on a de soi-même et de la confiance que l'on s'accorde.

Il est important de croire en soi, d'avoir la foi en sa valeur personnelle pour attirer le succès. La chance ne peut sourire que pour ceux qui sont sûrs et qui savent se convaincre que leurs projets vont aboutir.

Ceux qui entreprennent une démarche en s'engageant sur la route d'un projet quel qu'il soit sans avoir la confiance du résultat ne devraient même pas tenter la démarche.

Je ressasse sans cesse qu'il est inutile de se présenter à un concours, un examen ou à un emploi si on est sûr d'être rejeté. Le succès ne peut sourire qu'avec la conviction de la réussite.

Il est indéniable que la certitude d'aboutir permet comme le disait le poète anglais William BLAKE

« de saisir le bonheur au vol »

Ceux qui ont du mal à s'accepter tels qu'ils sont provoquent par leur attitude inconsciente l'échec et l'infortune. Tous les projets s'effondrent par la mise en œuvre d'actions destructrices anéantissant de fait les chances de succès.

Alors rien ne réussit. L'échec démotive, l'inertie s'installe et il est quasi impossible de croiser la chance, la réussite ou le succès.

On s'incruste alors dans ce que j'appelle la spirale de l'échec. Celle-ci va outrageusement avoir des répercutions dans nos trois sphères. Le phénomène d'aspiration va se mettre en route, on perd la confiance, on ne croit plus en soi ni en ses chances. On baisse les bras, on démissionne.

Retrouvez la confiance en soi est alors une thérapie qu'il faut très vite entreprendre.

Mais ce dans des conditions favorables et en choisissant l'entourage « des êtres humains » qui sauront montrer le sens du regard et de la pensée positive. Il faut faire le bilan et redessiner des objectifs si minimes qu'ils soient, mais qui vous font retrouver rapidement le goût de la réussite, du positif, de la confiance.

La pensée que l'on a de soi-même peut être modifiée par la simple volonté de se voir autrement. Il faut l'intégrer, la stocker d'une manière inconsciente. Ceci est accessible à tout le monde avec seulement l'entraînement de la communication avec soi-même.

Avoir à priori une piètre opinion de soi condamne chacun à une vie qui sera marquée par l'échec mais il est possible de dévêtir son mental de ce raisonnement négatif, de l'habiller d'un raisonnement positif, et de le stimuler avec l'assurance nécessaire par une gymnastique qui permet la réalisation de ses rêves.

Là encore il existe un maximum d'outils à la disposition des êtres qui ont l'envie de se réaliser.

CONCENTREZ-VOUS SUR VOS POTENTIELS ET SUR VOS LIMITES

Lorsque l'actrice Helen HAYES en était encore a ses débuts, le producteur George TYLER lui dit qu'avec dix centimètres de plus, elle aurait eu la chance de devenir l'une des plus grandes actrices de son époque.

Elle a donc décidé de surmonter le handicap de la taille. Elle s'est fait étirer par quantité de professeurs tout cela ne l'a pas fait grandir d'un seul centimètre, mais elle est devenue aussi droite qu'une baguette de tambour, ce qui a fait d'elle la plus grande des femmes de 1m50 et sa seule volonté de dépasser ses limites lui a permis d'interpréter le rôle de Marie STUART, l'une des plus grandes reines de l'histoire.

Helen HAYES a connu la réussite parce qu'elle a choisi de miser sur ses atouts et non sur ses faiblesses.

Parce qu'ils ne sont pas aussi brillants aussi séduisants ou spirituels que d'autres, beaucoup de gens confient qu ils éprouvent un sentiment d'infériorité.

Il n'est probablement pas de moyen plus efficace pour miner la confiance en soi que de se comparer aux autres.

CONSACREZ-VOUS A UNE ACTIVITE QUI VOUS REUSSIT

Les gens qui manquent de réussite alors qu'ils ont du talent sont monnaie courante.

Nous nous rendons compte à quel point un bilan est indispensable.

Car ces personnes se consacrent souvent à des activités qui ne sont pas forcement compatibles avec leurs objectifs ou, en harmonie avec leurs trois sphères.

En général, le problème ne consiste pas à découvrir nos aptitudes naturelles mais à les développer pour les mettre au service projets.

C'est bien pour cela qu'il faut avoir défini les finalités de nos sphères et trouver les domaines d'activité et les modes de fonctionnement qui nous intéressent.

Vient aussi le temps difficile où l'on découvre que d'autre réussissent mieux, et l'on a vite fait de se décourager et d'abandonner.

Or c'est souvent ce perfectionnement fastidieux et répétitif qui nous permet, en fin de compte d'atteindre nos objectifs.

Certains d'entre nous trouvent leur place en procédant par tâtonnement. C'est un chemin qui peut être long et comporter quelques impasses. Il ne faut cependant pas se décourager sous prétexte que d'autres sont plus qualifiés ou plus doués.

Dans la plupart des cas, c'est la motivation et non le talent brut qui fait la différence.

IL EST IMPERATIF DE SE VOIR COMME QUELQU'UN QUI REUSSIT

La plupart des gens ont des pensées intérieures négatives :

Le conditionnement destructif se fait par de simples phrases que nous nous répétons en nous dévalorisant ou en nous chargeant de mots ou de termes remplis de négations comme :

« Je suis encore en retard, comme d'habitude »

« J'ai une tête horrible ce matin »

« Ce que je viens de dire est idiot, elle pense sûrement que je suis une cloche »

Des milliers de messages de ce genre traversent notre cerveau, comment s'étonner de la piètre opinion que nous pouvons avoir de nous-mêmes.

Un exercice utile à pratiquer constamment pour acquérir de l'assurance consiste à penser en images et à visualiser.

Pour réussir, vous devez vous voir en train de réussir.

Chargez-vous avec des termes valorisants, entraînez-vous à parler en utilisant des mots sans négation et imaginez-vous abordant, avec aplomb et confiance, un défi de taille.

Les athlètes de très haut niveau se repassent en tête un même mouvement maintes et maintes fois. Ils visualisent mentalement leurs futurs exploits, jusqu'à ce que ces images positives s'imprègnent suffisamment et qu'elles s'installent dans l'inconscient. C'est alors qu'ils commencent à compter sur le succès et trouvent les ressources et les forces nécessaires à la réussite.

Dès lors que l'on peut envisager le meilleur, il ne fait aucun doute qu'on trouve le moyen de le faire devenir réalité.

Alors ne dépendez plus de l'opinion des autres.

Vous vous sentirez libéré si vous décidez de ne plus être celui ou celle que l'on veut que vous soyez. Savoir donner libre cours à son instinct, c'est bien souvent développer ces signes particuliers qui font de nous des êtres uniques.

La prise de conscience et l'expression de notre personnalité figurent parmi nos raisons d'être sur cette planète.

Résister au conformisme et développer de petites particularités, voire excentricités sont quelques unes des étapes qui conduisent à l'indépendance et à la confiance en soi.

DEVELOPPER UN RESEAU D'AMITIES STIMULANTES ET POSITIVES

Nombre de gens s'évertuent à rehausser l'image qu'ils ont d'eux-mêmes en appliquant les recettes les plus variées, ils ignorent la ressource la plus rapide et la plus sûre : de solides amitiés.

Pour acquérir de l'assurance, rien ne vaut un entourage plein d'amour et d'attention. Il ne faut ménager aucun effort pour établir un réseau d'amis stimulants et enrichissants.

Fuyez les gens négatifs ils vous contamineront trop vite, se sont les virus de la démoralisation.

Trop souvent nous sommes à l'écoute des gens à problèmes. Les médias, durant les journaux télévisés par exemple, ne font jamais cas de l'information positive, ils vous étalent à chaque bulletin tout ce qui va le plus mal avec pour renfort toute la panoplie d'images catastrophes.

Lorsque nous cherchons à nous repositionner dans nos sphères nous n'avons pas à nous préoccuper de la répartition plus ou moins juste des talents dans l'espèce humaine.

Il nous appartient seulement de mettre à profit ceux qui nous sont donnés et de les porter avec ardeur jusqu'à leur accomplissement le plus total.

Je ne veux pas dire par-là qu'il faille ignorer. Je signale simplement que lorsque nous aurons trouvé pour nous-mêmes le parfait équilibre, il sera bien temps d'y être plus attentif.

Pour réussir, il ne faut jamais perdre de vue ses propres priorités.

Un bon sauveteur commence d'abord par se protéger avant de sauver les autres.

Un sauveteur mort ne sauvera personne.

Lorsque vous serez parfaitement sûr de ne pas courir de danger parce que vous êtes blindé et que la confiance vous habite, vous pourrez vous consacrer et mobiliser votre esprit pour les autres.

La confiance en soi, tout comme le bonheur, se laisse difficilement saisir si l'on se contente de courir après.

Elle arrive en général comme une prime : on se donne tout entier à chacun de ses objectifs dans les trois sphères et , un beau jour, on se retrouve confiant et heureux.

L'OPTIMISME N'EST QU'UN CHOIX DE VIE

Il y a toujours du bon au cœur du désastre.

Le matériel de travail de Thomas Edison fut gravement endommagé par le feu, une nuit de décembre 1914. Edison perdit pour presque un million de dollars d'équipement et les notes concernant une grande partie de ses recherches.

Le lendemain, déambulant parmi les débris carbonisés de ses espoirs et de ses rêves, l'inventeur, alors âgé de soixante-sept ans, dit :

« Il y a du bon au cœur du désastre. Toutes nos erreurs se sont envolées en fumée. A présent, nous pouvons partir de zéro ».

Edison avait compris un des grands principes de la vie : presque toutes les situations, bonnes ou mauvaises, sont affectées par l'attitude que nous adoptons à leur égard.

Les optimistes acharnés abordent les problèmes avec la philosophie du « vouloir, c'est pouvoir » et renaissent plus forts des tragédies.

En effet, de récentes études donnent à penser que les individus optimistes gagnent plus d'argent, sont plus forts à l'école, se portent mieux et peut-être même vivent plus longtemps que les pessimistes.

Un psychothérapeute a étudié la manière dont fonctionnent les optimistes en analysant au fil des ans la vie de plusieurs centaines de personnes qui réussissaient.

Un grand nombre d'entre elles subissaient de sérieux revers, certes, mais toutes acquéraient des techniques pour vaincre le découragement et maintenir leur enthousiasme au plus haut durant les périodes difficiles.

Je crois que si vous adoptez, vous aussi, ces idées à l'efficacité testée de longue date, vous tirerez meilleur parti de la vie.

Les optimistes se voient toujours atteignant leur but. Il a été demandé un jour à un tireur d'élite de catégorie internationale quelles étaient les qualités requises pour réussir dans ce sport. Il a répondu :

– « Le secret réside dans le conditionnement mental. Tous les jours, je monte un film dans ma tête, au cours duquel je me vois accomplissant un tir parfait. »

Le président d'une société commerciale commença sa carrière en faisant du porte à porte. Le premier jour, il ne réalisa qu'une vente sur quarante visites. Mais il n'a jamais oublié la tête de la femme qui finit par lui acheter quelque chose ; comment ce visage se métamorphosa progressivement, passant de la suspicion à l'intérêt, puis à l'acquiescement. Depuis, chaque matin il s'impose le film de cette réussite pour conditionner ses journées de travail.

SACHEZ TRANSFORMER LES ECHECS EN OPPORTUNITES

Un jour, un agent littéraire Mike SOMDAL et un auteur avaient fait ce qu'ils estimaient, être une proposition superbe à un éditeur mais celle-ci avait été rejetée.

Sur le chemin de retour, l'auteur était découragé, mais pas Mike SOMDAL qui s exclama :

-" C'est là que vendre devient amusant ! Nous y retournerons et argumenterons leurs besoins, et ils nous supplieront de pouvoir acheter ".

Tout ce qu'il nous faut c'est arriver à trouver la bonne approche !

Ce que l'auteur considérait comme un échec n'était pour Mike SOMDAL qu'un simple contretemps. Il avait l'air stimulé par le défi. En fin de compte, une nouvelle tentative s'avéra positive, et ils négocièrent un contrat.

CONCENTREZ-VOUS SUR LE POSSIBLE

Certaines personnes rejettent la responsabilité de tous leurs déboires sur les circonstances.

- « Personne ne pourrait réussir avec un patron comme le mien », ou « un mari comme le mien » ou, « des problèmes financiers comme les miens »...

Les variantes sont infinies. En fait, ce qu'ils expriment, c'est leur incapacité à transformer leur univers. Bien entendu, si l'on se croit impuissant, on se rend tel.

Ces gens ont besoin de découvrir que remplacer les lamentations par des actes peut faire la différence. Tout est possible si ce que nous visons est réaliste ou réalisable par les moyens que nous sommes en mesure d'y investir.

Tracez-vous des objectifs progressifs (Paris ne s'est pas fait en un jour) et non utopiques.

La période la plus sombre de la vie de l'auteur Thomas CARLYLE commença le jour ou une femme de ménage se servit par erreur de l'unique exemplaire de son manuscrit pour faire du feu. CARLYLE sombra dans un désespoir profond. Puis, mot par mot, phrase par phrase, il se mit à réécrire l'Histoire de la Révolution française, qui demeure un grand classique.

PRENEZ DES VACANCES

Sachez prendre du recul et faire régulièrement le point de votre situation. Ne vous concentrer jamais de manière excessive sur vos problèmes, la solution ne peut venir si votre cerveau sature.

Le surmenage n'est pas que professionnel, il existe dans vos trois sphères.

Le fait de s'accorder des périodes de repos agit sur tous les éléments de notre réussite. Souvenez-vous que pour que la mécanique fonctionne bien et longtemps il faut l'entretenir mais également la ménager.

Faire tourner un moteur toujours à sa puissance maximum l'amène à faire travailler ses ensembles mécaniques à la limite de la rupture donc le met en état permanent de fragilité.

La mécanique humaine n'échappe pas à cette règle. De plus, lorsque la mécanique n'a plus toute sa fiabilité le cerveau, met en œuvre les auto diagnostics et a moins de capacité pour traiter l'ensemble des autres problèmes a résoudre.

Ceci amène bien évidemment une baisse de productivité, une baisse de qualité, qui se traduiront à terme par une démotivation et une perception dévalorisante de soi. Attention cela peut ouvrir la porte aux aspirations négatives qui conduisent vers l'échec.

AIDER LES AUTRES, UN ACTE THERAPEUTIQUE

Une veuve qui s'apitoyait sur son sort, car elle allait se retrouver seule pour Noël, s'en est ouverte à son médecin. Celui-ci lui a dit :

- « Je vais vous faire une ordonnance. »

Sur la feuille il avait écrit :

- « des gens sont dans une situation bien pire que la vôtre, faites quelque chose pour eux. Allez à cette adresse. »

La femme s'en est allée en marmonnant, mais, le jour suivant, elle a pris un taxi et s'est rendue à l'adresse indiquée.

Là, dans un minuscule appartement, elle a trouvé un couple. De santé fragile, ils n'avaient guère la force de se faire leurs repas.

Alors elle s'est arrangée pour préparer leur dîner de fête. Quand elle a revu son medecin la semaine suivante, sa démarche était pleine d'allant :

- « C'est le meilleur Noël que j'ai passé depuis des années. »

MESUREZ VOTRE CHANCE

Un joue, un jeune homme démoralisé va consulter. Il a échoué à un examen pour la seconde fois, il est fauché et ne voit pas de raison de continuer à vivre.

Le thérapeute sort un calepin et lui pose quelques questions :

_ Etes-vous marié ?

- Oui. Ma femme a été fantastique pendant toute cette épreuve.

- Des problèmes de santé ?

- Non. Je suis de constitution robuste, je jouais au football à l'école..

- Vous semblez ambitieux.

- Oui, dit-il. Je suis très dynamique. C'est ce qui m'a permis d'être bon au football à l'école, quoique je fusse le plus petit joueur de l'équipe.

Le thérapeute arrache la page et la lui tend. Il y avait écrit :

1. Femme aimante

2. Santé excellente

3. Ambitieux, dynamique.

Le jeune homme regarde la liste, puis dit :

- « C'est ahurissant. Je suppose que j'étais tellement obsédé par mon échec à l'examen que je ne voyais même plus un espoir ».

Ce jeune homme finit par avoir son examen, et c'est aujourd'hui un avocat qui réussit.

Dans son livre Man's Search for Meaning (L'Homme et la quête de sens), le Dr Viktor Frank évoque les trois années qu'il a passées dans les camps de concentration nazis.

Même dans cette situation extrême, se souvient Frank, il y avait des hommes qui allaient d'une baraque à l'autre, réconfortant les autres, distribuant leur dernier morceau de pain.

Ils n'étaient peut-être pas très nombreux, mais ils sont la preuve que l'on peut tout retirer à un individu, sauf la liberté de choisir son attitude en toutes circonstances.

Des choix similaires nous attendent. Nous pouvons opter pour la vision pessimiste de ce monde ou bien, nous entêter à croire que le meilleur reste encore à venir.

OSEZ VOUS FAIRE PLAISIR

Pour évoluer, pour avancer, pour créer, il est nécessaire de s'intéresser plus à ce que l'on fait, à ce que l'on désire faire qu'à ce que l'on est.

Car " qui suis-je ? " est une question sans réponse. Qui peut véritablement prétendre qu'il sait qui il est, qui peut perpétuellement savoir comment les autres le voient ?

Personne !

La beauté, la célébrité, la gloire, n'apporteront jamais la moindre certitude à celui qui doute.

On ne peut se fier qu'à ses propres élans, à son propre désir.

Il est indispensable d'oser se faire plaisir, de s'accorder le droit d'être imparfait, faillible, humain, tout simplement.

A moins de consentir à se condamner à une existence de "zombie", constamment marquée par la frustration et l'immobilisme.

L'EVEIL DE L'ÊTRE

Nous sommes tous uniques. Mais parfois notre formidable originalité se manifeste à peine. Les techniques de développement personnel la réveillent.

L'un des paradoxes les plus étranges de l'être humain, c'est d'avoir un cerveau malléable capable de se dépasser, de se dégager des frontières physiques et de transcender ses limites.

Mais le même cerveau peut aussi s'enfermer, créer des barrières. On observe déjà cette malléabilité chez les nouveau-nés.

Les recherches scientifiques nous ont montré leur incroyable sensibilité, leur capacité à se dégager des structures, à réagir aux émotions subtiles de la voix humaine, à être attiré par des objets ou des visages, à reconnaitre les couleurs.

Mais la science a aussi montré combien il est facile de les programmer et les conditionner pour qu'ils répondent à une lumière ou à une sonnerie de la même façon que salivaient les chiens dans la célèbre expérience de PAVLOV.

C'est avec un peu de fantaisie, une touche de créativité et beaucoup de conditionnement que nous avançons sur le chemin de la vie.

Et aujourd'hui, nombre d'entre nous s'interrogent non seulement sur le véritable sens de leur existence… mais aussi sur eux-mêmes :

_ « rien ne me réussit »

_ « je m"ennuie »

- « ce que je fais ne me plait pas »

_ « je ne m'aime pas… »

Autant de tristes constats qui en reviennent à dire « j'ai peur de vivre », tout en lorgnant, avec une pointe de jalousie, du côté de ceux qui réussissent et semblent être heureux en toutes circonstances.

L'angoisse d'échouer peut se transmettre de génération en génération.

Pourtant il n'y a pas de secret. Maîtriser sa peur, s'aimer soi-même, avoir confiance, savoir risquer, trouver sa personnalité, ça s'apprend.

Ce sont nos parents qui, d'abord, nous enseignent à avancer ou à battre en retraite. C'est une période pendant laquelle on s'imprègne de leurs attentes. Mais trop souvent nous avons hérité des peurs et des anxiétés que nous avons ressenties en eux.

Et il est fort probable que nos propres enfants sentiront la même chose chez nous. C'est ainsi que cet héritage légué de génération en génération va se transmettre : peur de perdre, de tomber, d'être distancé, d'être délaissé, de ne pas " être assez bien. "

Les parents ont peur que l'enfant ne soit pas capable de mener à bien la tâche qu'il entreprend :

- « attention ! tu vas tomber »

- « tu vas te casser le nez si tu essaies de faire cela, j'en ai eu l'experience. »

C'est bien souvent par affection sincère qu'ils ont peur pour l'enfant, et réagissent de cette manière pour leur éviter déception et humiliation dont ils ont eux-mêmes souffert.

C'est ainsi que la personnalité profonde est mise en sommeil pour un temps indéterminé, parfois pour tout le temps.

Un jour, alors qu'on s'y attend le moins un événement étrange se produit dans le creuset des mille et une difficultés de la vie quotidienne à travers le filtre d'une destinée que l'on croit irrémédiablement médiocre et enserré dans le carcan de l'éducation et des blocages, quelque chose remue tout au fond de nous même. Une sensation d'abord indescriptible, mais qui peu à peu se précise.

C'est l'enfant intérieur qui tente de s'extirper du sommeil forcé. Pourtant il est bien présent en chacun de nous.

C'est l'entrée dans le cycle de la transformation. On apprend à retrouver de bonnes et saines motivations. On réapprend à respirer, à rire, à regarder, à sentir, à toucher.

On apprend à se reconnaître soi-même à travers les petits gestes quotidiens et à disloquer peu à peu l'échafaudage factice de nos anciennes croyances.

Cette phase de déprogrammation du cerveau pour le pousser vers la voie de la transcendance est généralement appelée le « lâché - prise ».

Il faut réapprendre à se fier à son intuition.

Bien sûr, au début, des conflits opposent les nouvelles croyances aux anciennes. On essaie d'abord d'améliorer sa situation plutôt que de la changer, de réformer plutôt que de transformer.

On oscille entre l'enthousiasme débordant et la déprime diffuse. C'est la peur quasi viscérale de l'inconnu induite par l'étrange sentiment intérieur que provoque la désagrégation des anciennes valeurs : carrière, argent, pouvoir, image, relations.

Le travail ne fait que commencer, car il faut encore et toujours « nettoyer », réorganiser les éléments dans un nouveau cadre, être capable de communiquer son expérience.

C'est alors que l'on s'aperçoit que l'intuition est plus adaptée et efficace que la compréhension.

Beaucoup en viennent même à explorer des sujets pour lesquels ils ne témoignaient jusque là ni intérêt ni aptitude avec une soif d'être et de vivre pleinement.

C'est alors que l'on comprend qu'il existe d'autres façons d'être et qu'il ne s'agit pas de refaire sa vie avec une autre personnalité, mais de commencer une nouvelle vie avec sa vraie personnalité.

Et quel travail !

Nous ne sommes éveillés et vivants que dans la mesure où nous nous trouvons dans un processus constant d'apprentissage et d'enseignement. L'apprentissage est non seulement similaire à la santé, mais c'est aussi la santé.

L'acte de création est un processus de transformation, de mise en forme de soi-même.

C'est une recréation du soi.

GÉRER SON DEVENIR

Les lignes qui suivent ne font pas référence aux expériences d'un seul être, et s'appuient sur des constatations de cas prouvés. Cela a le mérite de ne constater que des faits réellement vécus par plusieurs personnes.

Ce qui en conséquence, donne aux optimistes convaincus, que vous êtes devenus, la possibilité de s'appuyer sur l'expression:
– D'autres y sont parvenus, pourquoi pas moi !

Cette simple phrase maintes fois répétée vous donne l'assurance que vos objectifs réalistes peuvent devenir réalité dans pratiquement tous les cas.

Ainsi, Philippe BOUVARD à la télévision française dans une émission du samedi soir, a présenté Monsieur PORTAL, âgé alors de 79 ans. Cet homme est parvenu à battre les machines à calculer en réalisant en une fraction de seconde des multiplications à une douzaine de chiffres et des extractions de racines multiples.

L'histoire est remplie de ces exemples. M. Maurice DAGOBERT parvenait même à résoudre en même temps 7 problèmes différents. Mlle OSAKA réussit à extraire la racine sixième d'un nombre de 18 chiffres !

Quelque chose en nous (le subconscient peut-être), disent-ils, calcule à leur insu, et certains disent voir s'inscrire tout simplement le résultat devant leurs yeux, comme sur un tableau !

Il en est de même pour la possibilité de rêves prémonitoires. La véracité a été maintes fois confirmée par des équipes de parapsychologues les plus rigoureuses qui soient.

Cela va de la fameuse dame qui rêva les trois chiffres de la combinaison gagnante du tiercé de mars 75 (14 - 15 - 18) et qui la joua 20 fois (gains de 200 millions AF), en passant par le

Président LINCOLN qui se vit en rêve la veille de sa mort, dans un cercueil, et le raconta à ses proches.

Ou bien encore sir O'CONNOR qui devait effectuer un voyage en mer sur le TITANIC et vit en rêve le bateau s'engloutir dans la mer et en vint à annuler son billet.

On sait que la nuit du 13 au 14 avril (date prévue pour son voyage), le bateau heurta un iceberg et la collision entraîna la perte du bateau en faisant plusieurs centaines de morts.

Tout un chacun a la possibilité de faire travailler son subconscient.

Un exemple entre des centaines est celui de Louis Robert STEVENSON qui disait bien qu'avant de s'endormir, il avait l'habitude de charger son subconscient pour composer des œuvres et aussi des romans, pendant son sommeil, suivant ce qui lui fallait (lucratif lorsqu'il avait besoin d'argent, ou autre).

"L'intelligence du subconscient, déclarait-il me donne l'histoire pièce par pièce, comme un feuilleton sans que mon esprit en ait conscience".

Il en est de même de Mark T. qui confia à la presse qu'il ne travaillait jamais directement lui-même, que toutes ses œuvres (Superbes),parvenaient directement de son subconscient !

Pour faire travailler notre subconscient, le bourdon de notre cerveau, le moyen mis en œuvre est le sommeil naturel qui génère bien souvent le rêve.

Mais il y a aussi l'autre sommeil qui met en action le subconscient cest le sommeil hypnotique.

Pour transformer le sommeil naturel en sommeil hypnotique, Il y a plusieurs techniques qui ont été adoptées et divulguées depuis plusieurs années par des sommités internationales en matière d'hypnotisme, en Europe et aux Etats-Unis.

Je citerais en exemple la méthode du professeur allemand KURT TEPPERWEIN, praticien de santé, directeur de l'institut International des travaux de recherches sur l'hypnose, président de l'académie de médecine interdisciplinaire, spécialiste de l'hypno-méditation.

Tout ce qui suit peut vous procurer une réelle possibilité, qui aura autant de chances de se réaliser que vous aurez de persévérance.

Mais il n'en demeure pas moins que les résultats obtenus, sont intimement liés aux capacités de chacun.

Ce n'est pas une moindre tâche que celle de vouloir conduire son être jusqu'à la réussite la plus complète, le faire devenir ce que nous aspirons à être, lui permettre d'acquérir la sagesse pour la richesse spirituelle voire matérielle !

Cela me paraissait même une tâche très lourde à laquelle je n'aurais sans doute pas estimé utile de m'attaquer, si j'avais du faire appel à autre chose qu'à :

- ma seule volonté

- mon intelligence propre

- mes seuls pouvoirs visibles.

Mais voilà et c'est heureux, pour transformer l'individu, lui faire atteindre ses objectifs et triompher de la vie et des événements, nous allons nous servir d'une intelligence vraiment illimitée, que tout être possède à l'état latent, qu'il peut et doit éveiller !

NOTRE BOURDON DU CERVEAU

LE SUBCONSCIENT

Afin que vous soyez bien sûr que vous possédez bien cette puissance en vous, prenez conscience de ces faits :

Lorsque vous mangez, que se passe-il ?

Une transformation automatique des aliments, le corps physique prend dans les aliments une vitalité indispensable à sa survie.

La majorité de ces aliments que nous ingurgitons sont rejetés, mais le corps en garde néanmoins une partie infime qu'il transforme en cellules vivantes.

On dit alors que c'est la nature, c'est la vie, peu importe le nom qu'on veut bien lui donner.

Ce qui est intéressant de savoir c'est qu'actuellement, les plus grands savants du monde sont bien en peine pour créer des cellules vivantes à partir des aliments.

C'est-à-dire que nous disposons dans notre tête, sans peut-être le savoir, bien plus d'intelligence que celle représentée par la meilleure élite de tous les savants de la terre, aussi bien en qualité qu'en quantité !

Vous rendez-vous bien compte !

C'est une aubaine inespérée, car cela va nous permettre d'ouvrir le chemin pour combler nos vœux.

Cette intelligence est toujours à l'œuvre, 24 heures sur 24. De plus, il est prouvé scientifiquement que les combinaisons possibles des cellules grises du cerveau entre-elles (siège de l'intelligence) correspondent d'une manière imagée, à la possibilité d'écrire plusieurs millions de livres différents !

Quel potentiel infini d'intelligence à utiliser !

Le tout est maintenant de savoir comment lui donner du travail, lui poser des problèmes pour que, cette intelligence illimitée pleine de ressources, vous fasse apparaître la ou les, solutions possibles.

Votre conscient, le vous, qui actuellement est en train de lire dans ces lignes, nous le savons, n'en n'a pas les moyens, cela ne peut donc être que votre inconscient ou, pour écrire le terme usuellement employé, votre subconscient.

LA CONDITION INDISPENSABLE POUR CONTACTER CETTE INTELLIGENCE SANS BORNE, RESIDE DANS LA POSSIBILITE ET LA CAPACITE DE CE QUE NOS PENSEES, NOS DESIRS, PUISSENT ETRE TRANSMIS AU SUBCONSCIENT

Cela demande au préalable de savoir ce qu'est le subconscient.

Sachez d'ores et déjà que tous les sentiments : angoisses, appréhensions, manies, tics, peurs, exubérances, etc., en un mot, tout ce qui vous influence contre votre gré, et parfois sans contrôle possible, (on a l'habitude de dire : c'est plus fort que moi), tout cela provient du subconscient.

Vous voyez donc tout l'intérêt que l'on a de s'attribuer son contrôle. On s'attribue par la même occasion le contrôle absolu sur soi !

Nous nous servons tous du subconscient, mais la plupart du temps sans nous en rendre compte.

LE SUBCONSCIENT

Sa caractéristique primordiale : il est incapable de raisonnement logique !

Pour bien comprendre cela, il faut savoir de quoi nous sommes, tout d'abord, composés.

Il vous est certainement arrivé de rêver pendant la nuit, n'est-ce pas? (même celui qui ne se souvient pas de ses rêves au réveil) ou vous avez certainement entendu décrire par vos amis ou connaissances, les leurs.

Le plus souvent, car ce sont eux qui marquent le plus, on se souvient de ses cauchemars.

Or, pendant le sommeil, les événements les plus baroques et absurdes, qui à l'état de veille seraient considérés comme impossibles, sont malgré tout acceptés comme vrais, et les émotions, sensations, y attenant (joie, peur, plaisir, douleur,...)

sont ressenties avec autant d'intensité, parfois même plus fort encore, que si vous étiez éveillés.

On peut de ce fait, considérer que le cerveau humain n'est pas un tout indivisible, mais au contraire un ensemble de différents composants qui peuvent se séparer temporairement les uns des autres.

Ainsi notre logique, c'est-à-dire la possibilité de définir le réel de l'irréel est momentanément effacée pendant le sommeil.

L'hypnose, sommeil artificiel provoqué, ne fait pas exception à cette règle.

C'est dans cet état, qui est par définition le contact direct avec le subconscient, que nous avons la possibilité de lui inculquer toutes sortes d'idées, de demandes, qui seront gravées, pour ensuite être matérialisées dans la vie courante.

Mais l'hypnose n'est pas le seul moyen de contacter et influencer le subconscient.

Il en est de plus direct :

La foi

La répétition

Donc nous ne devons pas négliger de nous en servir car bien appliqués, ces deux moyens sont réellement nos alliés. Nous allons donc les étudier plus en détail, parce que c'est de notre intérêt.

LA RÉPETITION

Pourquoi croit-on qu'un trèfle à 4 feuilles porte-bonheur ? Ou bien une patte de lapin ?

Parce qu'on l'a entendu des centaines de fois. Vos proches vous le répétaient déjà depuis votre enfance, et vous avez continué de l'entendre, ainsi le subconscient privé de raisonnement logique l'a accepté comme vrai et va reproduire, sur celui qui les porte, l'objet de sa croyance.

Pourtant l'analyse logique démontre que c'est une idiotie de croire que ces objets sans aucune action propre, ni vie peuvent modifier en quoi que ce soit votre destin.

Des millions de francs sont investis en publicité (radio, TV, journaux,...) pour répéter à longueur de temps tel ou tel slogan publicitaire, c'est bien pour quelque chose.

Simplement pour imprégner votre inconscient qui à terme va vous faire intégrer que telle ou telle lessive lave plus blanc.

LA FOI

Et les miracles qu'elle peut engendrer sur vous !

La foi est le plus simple et le plus employé des moyens de se servir de la puissance du subconscient. Elle se manifeste de differentes façons :

- foi dans des puissances dites « surnaturelles », dieux, déesses

- foi en leurs représentants (saints, leurs statues, reliques)

- foi dans les talismans, porte-bonheur, amulettes, pierres magnétiques, bijoux, plaques

- foi en certains rites exemple : pour se faire aimer d'une personne certains manuels de « sorcellerie » ou magie, donnent la recette suivante : aller entre 2 et 3 heures du matin prendre l'herbe à la croisée de 4 chemins, la sécher, faire une poudre avec un objet ayant appartenu à la personne en question, puis y jeter cette poudre dessus (par derrière je suppose ...) ainsi, décrivent-ils, la personne est envoutée et toute soumise à vos désirs !

Ce qui est important de savoir c'est que la foi fondée ou pas, vraie ou fausse, produit toujours les mêmes effets !

Si on change les reliques d'un saint par des fausses, sans avertir le public, on en trouvera toujours sur qui les "miracles" continueront de se produire.

Ceci pour prouver si besoin était, que ce ne sont pas les objets eux-mêmes qui agissent, mais qu'ils servent de catalyseur, c'est-à-dire, ils déclenchent seulement l'action mais sans y entrer directement.

Vous noterez que dans les « recettes magiques » de sorcellerie, pour s'attribuer les sentiments, porter préjudice, jeter des sorts ou toute autre manière d'influencer quelqu'un à son insu, il est toujours question de moyens extraordinaires et hors du commun très difficiles à réaliser, comme prendre de la terre de cimetière la nuit, le sang d'un animal sacrifié, sous telle ou telle conjonction planétaire ...

Ceci pour que pendant des jours, des semaines, parfois des mois même, la personne qui influence ait constamment à l'esprit l'image, l'idée de ce qu'elle cherche à atteindre.

Ces images répétées constamment, si elles sont aidées d'une foi complète de ce que le but sera atteint, influencent le subconscient qui va provoquer la réalisation de l'acte du but à atteindre. Que ce soit en transformant les agissements de l'auteur ou bien encore et sûrement, en envoyant des ondes dans le cerveau de la personne à contacter.

C'est pour cela que les magnétiseurs, les télépathes s'appuient sur cette règle d'or pour influencer à distance.

A partir du moment où l'on fait apparaitre dans son propre cerveau l'image de quelqu'un, il entre automatiquement en jeu, des forces, des ondes, qui influent l'objet de la pensée dans le sens de cette dernière.

C'est la base même de l'influence à distance. Le processus agissant, lui, est toujours la foi, et la foi n'agit que par imprégnation du subconscient lequel, pouvant faire appel à l'intelligence infinie que nous avons en nous, réalise le but.

Ainsi, je dis que le plus puissant de tous les porte-bonheur n'est autre que le subconscient. Pour une application immédiate, n'ayez dorénavant que des pensées de réussite, soyez le maître de vos pensées et vous serez le maître de votre destinée.

POUR OBTENIR LA FOI

Si vous ne l'avez pas, il va falloir l'acquérir ou du moins, en provoquer les mêmes effets.

Voici comment : Il vous suffit d'appliquer cette loi, bien connue et qui a fait ses preuves depuis l'antiquité.

TOUT CE QUE VOUS SOUHAITEZ AVOIR,

CROYEZ QUE VOUS LE RECEVEZ, ET

VOUS LE RECEVREZ !

Et ici, le mot « croire » est appliqué dans toute sa valeur c'est à dire « d'accepter comme vrai ».

Ainsi, si vous voulez une voiture neuve, croyez que vous la recevez, visualisez la dans votre esprit, voyez vous la conduisant, sentez-en le plaisir.

Allez voir le vendeur pour lui demander le prix et tous autres détails techniques, essayez la et dites :

- « je pense venir très bientôt confirmer ma décision de l'acheter ».

Et alors, votre subconscient imprégné si profondément (comme dans le cas où l'on veut jeter un sort, mais cette fois pour votre bien), va amener à vous les circonstances (gains, cadeaux, déblocage de crédit...) qui vous permettront réellement d'acheter la voiture.

Le monde actuel est rempli d'occasions de faire fortune, en faisant appel à une intelligence infime, votre subconscient vous comblera de toutes ses largesses.

NE VOUS DITES PLUS JAMAIS :

- « Je n'ai pas les moyens de m'acheter ceci ou cela... »

Votre subconscient le prendrait à la lettre et vous empêcherait réellement de l'obtenir.

Au contraire affirmez constamment :

« TRES BIENTOT JE VAIS AVOIR LES MOYENS, MON SUBCONSCIENT EST A PRESENT ACTIF POUR QUE CELA SE REALISE. »

On ne récolte que ce que l'on sème, semez dans votre esprit la RICHESSE et vous recolterez la RICHESSE!

JESUS CHRIST, l'exemple vivant de la foi.

On ne peut en effet trouver des exemples plus frappants que les miracles exercés en leur temps par le personnage resté connu sous le nom de Jésus.

Il ne s'en cachait pas d'ailleurs, puisque maintes fois, il proclamait :

- « ta foi t'a sauvé »

- « il vous est donné selon votre foi ».

Je citerai en exemple l'évangile selon St Mathieu

- « Et lorsqu'il fut dans la maison, les aveugles s'approchèrent de Jésus qui leur dit : »

- « Croyez-vous que je puisse faire ce que vous demandez ? »

Leur réponse fut :

- « Oui Seigneur. »

Jésus leur toucha les yeux et dit :

- « qu'il soit fait selon votre foi. »

Et ainsi ils recouvrèrent la vue !

Les guérisseurs opèrent-ils ainsi ?

En réalité, ils ne font pas directement les guérisons (à l'inverse de la médecine officielle, en cas d'opération, par ex.) mais ils déclenchent cette puissance miraculeuse qui existe dans tous les êtres.

Et ce n'est en aucun cas une puissance étrangère avec laquelle ils communiquent ou qui leur appartient car s'il en était ainsi :

CES GUERISSEURS N'AURAIENT PAS

BESOIN DE LA FOI DU CLIENT !!!

Ce qui explique que des miracles se produisent dans toutes les religions, que ce soit en Europe, en Amérique, en Inde, en Extreme Orient.:. C'est vrai partout, la puissance qui agit est toujours la même.

Seulement en pratiquant l'hypnose, on enlève le blocage du conscient et le contact peut s'effectuer directement avec le subconscient.

Ainsi on se trouve en mesure d'agir sur soi voire sur les autres, qu'ils aient ou qu'ils n'aient pas la foi !

LE PLUS GRAND PROBLEME

Le Plus grand problème que vous pouvez avoir à surmonter saute évidemment aux yeux, et il n'est pas le moindre.

Quand tout va mal, si vous êtes plein de dettes, s'il ne vous est possible de joindre les deux bouts, si la personne aimée vous a quitté ou, tout autre malheur évident vous frappe, comment peut-on d'une façon lucide et absolument sure (condition indispensable pour imprégner le subconscient) affirmer que tout va aller mieux et surtout le croire.

C'est, je le conçois très difficile, car vous vous dites :

– « ça doit aller mieux »

Mais le doute demeure et constate la misère, parce que c'est l'évidence même.

Vous êtes beaucoup plus à même de vous dire :

– « je ne m'en sortirai jamais »,

Et votre subconscient qui capte tout à la lettre, vous maintient dans cet état désespéré, vous créant tout l'inverse de ce dont vous avez besoin !

LA SOLUTION

Consiste à entrer en contact direct avec le subconscient, sans passer par votre esprit conscient qui voit et analyse les faits réels, et ainsi, en présentant l'idée d'abondance, malgré qu'elle soit l'opposé de la réalité (mais peu importe, car nous avons vu que le subconscient n'a pas de capacité de jugement), il va ainsi reproduire infailliblement l'idée et la matérialisation dans la vie courante !

Or ce contact direct peut être établi par l'hypnose avec l'application sur soi (auto – hypnose), aussi bien que sur les autres (hétéro – hypnose).

L'HYPNOSE

Il faut biensûr faire une différence entre le sommeil naturel et le sommeil hypnotique.

Pendant le sommeil hypnotique le sujet parle, bouge, en un mot vit comme s'il était éveillé. Seulement sa volonté ne lui appartient plus, il est sous la domination totale de l'hypnotiseur.

DIFFERENTS MOYENS EXISTENT POUR PROVOQUER L'HYPNOSE

1°) Les zones hypnogènes, très peu employées, ce moyen consiste en la pression de certains endroits du corps. A laisser de côté, vu l'extrême difficulté pour les trouver, car ils changent d'un individu à un autre.

2°) Agents chimiques ou naturels, dont l'absorption, soit par voie orale dans la boisson ou les aliments, soit par injection directe dans le sang, provoque l'hypnose. Moyen que je laisse volontiers aux professionnels de la médecine car, pour moi l'utilisation de drogue est l'affaire de spécialistes.

3°) Fatigue des yeux, somnolence, monotonie, avec suggestion de sommeil. Ceci demande toute l'attention du sujet, de pouvoir se concentrer sur l'idée voulue, ce qui n'est guère facile, à moins de disposer d'objets appropriés. Pour compenser cela, il existe un moyen extraordinaire, ne nécessitant ni concentration excessive, ni effort mental.

4°) Agir sous l'influence d'une suggestion post -hypnotique.

Ce qui nous entraîne donc au préalable à savoir ce qu'est une suggestion post - hypnotique.

Mais il est important de respecter ce principe qui dit qu'avant de vouloir hypnotiser les autres, il est indispensable de s'hypnotiser soi-même.

LA SUGGESTION POST-HYPNOTIQUE

Ce qu'elle est ?

Un simple exemple va vous le faire comprendre.

Lorsque vous prenez rendez-vous chez le coiffeur ou avec un ami, vous vous fixez un événement futur, qu'il soit :

- une date

- un événement fixe, ou pas

- ou une attitude particulière comme : dès que vous serez mieux disposé,...

Puis, pendant tout le temps qui s'écoule jusqu'à ce que l'événement arrive, vous n'y pensez plus mais lorsque le moment est venu, cela ressort du cerveau cela remonte à la surface, « vous vous rappelez », pour pouvoir l'exécuter.

Bien sûr vous pouvez oublier, mais là n'est pas problème, le but est simplement de vous faire comprendre que ce qui est appelé une suggestion post hypnotique, se résume par la réalisation dans le futur d'un acte imprégné anterieurement en état d'hypnose.

Or une des particularités de l'hypnose est de pouvoir encrer pendant que le sujet est en somnolence, des suggestions si profondément dans le cerveau qu'elles restent enfouies des jours, des semaines, des mois, pour que le moment venu le subconscient les ramène à la surface et les réalise !

Et comme le subconscient n'a pas de raisonnement logique, cela peut se traduire par les actes les plus baroques !

Ainsi, à qui l'on aura suggéré :

« demain à midi, vous serez pris de sommeil »,

se verra à l'heure juste, pris d'une soudaine envie de dormir, sans savoir pourquoi (l'oubli de la suggestion pouvant être formulé) et en pensant que cela émane de son propre cerveau, de sa propre volonté.

Cela représente toutefois des limites. Si en effet, vous suggériez :

« demain à midi vous aurez une soudaine envie de vous gratter la plante des pieds, si forte, si intense, que vous devrez quitter votre chaussure »,

effectivement à l'heure prévue, le sujet ressentira la démangeaison. Dans le cas où il viendrait à se trouver au cours d'un repas d'affaire ou autre qui l'empêcherait d'effectuer l'acte (enlever la chaussure), il ne le ferait pas ou, du moins tout au plus irait-il se cacher dès que possible dans un endroit tranquille pour pouvoir l'accomplir.

Aussi, si vous veniez à formuler :

« chaque fois que je claquerai des doigts, vous serez pris d'un énorme fou rire »,

une fois le sujet éveillé, il suffirait, pour vous, de faire ce geste pour qu'aussitôt il soit pris d'une irrésistible envie de rire.

Mais si vous veniez à déclencher cette action pendant un enterrement en sa compagnie, par exemple, il est probable que, malgré qu'il ressente cette énorme envie, il se tiendra ou bien ira se cacher pour pouvoir rire.

Nous verrons plus loin les possibilités que l'opportunité de pratiquer l'hypnose peut amener en s'attribuant le contrôle des pensées et des actes de ceux sur lesquels on souhaite agir.

L'hypnose, présente une utilité extrême pour certaines guérisons.

Un exemple très en vogue aujourd'hui : Vouloir cesser de fumer.

Des suggestions bien encrées dans le subconscient comme :

- « le tabac va dorénavant vous dégoutter, votre envie de fumer disparaît à tout jamais, car chaque fois que vous porterez une cigarette à votre bouche un mal être vous inondera qui vous la fera automatiquement enlever »

et le sujet ressentira les effets des suggestions et ralentira certainement voire cessera complètement de fumer.

MOYENS DE PROVOQUER L'HYPNOSE

Les agents chimiques ou naturels dont l'absorption provoque les mêmes caractéristiques que l'hypnose.

Le sujet garde sa force physique, mais n'a plus de vigueur mentale nécessaire pour le raisonnement logique de sorte qu'il accepte comme siennes les idées émanant de l'hypnotiseur.

Ce n'est pas une trouvaille que je vous révèle. La plante dont la racine provoque le sommeil hypnotique est connue au moins depuis le 18ème siècle date à laquelle on retrouve déjà sa trace dans les manuscrits. Seulement jusqu'à présent quelques très rares privilégiés pouvaient connaître la racine de bryone encore dénommée couleuvrée, navet du diable ou vigne blanche.

En médecine la racine de bryone est employée comme purgatif.

D'autres hypnogènes existent la teinture de colombo, par exemple, obtenue en faisant macérer, le colombo (plante tropicale) pendant deux semaines dans de l'alcool de fort degré, pour ensuite le filtrer.

Il est évident que tout ceci est donné simplement à titre informatif et est réservé, quant à leur usage, aux seuls médecins.

Encore un moyen c'est celui d'agir sous l'influence d'une suggestion post – hypnotique, implantée en vous, lorsque vous êtes en état de transe hypnotique (sommeil provoqué).

La suggestion émise en priorité étant en l'occurrence celle qui permet de provoquer sur vous le sommeil hypnotique.

Le plus important de tout, ce qu'il faut absolument parvenir à réaliser, c'est d'abord de provoquer le sommeil hypnotique sur simple désir de votre part. C'est pendant ce sommeil hypnotique que votre subconscient va « travailler » à l'idée (d'un livre, d'une invention ou autre..), sur vos demandes d'atteinte l'objectif et faire ressortir de vous en état de veille toutes les qualités que vous vous serez suggérées pour réussir.

D'autre part, vous pourrez ainsi vous servir de votre subconscient pour intensifier d'une façon purement fantastique le processus qui vous fera acquérir votre pouvoir hypnotique qui vous soutiendra dans votre réussite et vous aidera à amener les autres vers vos convictions.

Pour implanter dans votre subconscient la suggestion post - hypnotique, vous devrez vous trouver en état d'hypnose.

Deux moyens peuvent alors s'envisager :

1°) vous faire hypnotiser par un tiers, par une méthode naturelle, puis vous faire suggérer le message suivant :

- «A chaque fois que vous désirerez provoquer vous le sommeil hypnotique, il suffira que vous le décrétiez pour qu'automatiquement il se produise »

Trois séances espacées d'une journée minimum avec toujours cette même formule sont généralement suffisantes pour imprégner le subconscient d'une façon indélébile.

2°) Transformer le sommeil naturel en sommeil hypnotique. C'est un procédé vraiment extraordinaire que je pratique personnellement, il ne requiert ni la concentration, ni la simple attention du sujet puisqu'il dort ! là où tous les autres procédés échouent, celui-là peut venir en vainqueur.

Il y 2 deux façons de procéder :

a) le faire vous-même

b) ou bien par l'intermédiaire d'un tiers

COMMENT PROCEDER

Pour changer le sommeil naturel en sommeil hypnotique, que ce soit quelqu'un sur vous ou, vous sur un tiers, il est indispensable d'avoir le consentement du sujet.

Malgré que le résultat soit souvent atteint du premier coup, je déconseille toutefois de le faire à l'insu du sujet. En effet, le risque de réveil est trop grand.

L'avantage de cette méthode est qu'il n'y a pas de demi-mesure. Ou le sujet se réveille ou il ne se réveille pas lorsque vous lui parlez, selon les indications.

S'il demeure endormi, c'est qu'il est bien en état d'hypnose, et dans ce cas il n'y qu'à placer la suggestion que l'on veut, dans le cas qui nous intéresse, c'est plus exactement une suggestion post - hypnotique, celle de pouvoir à l'avenir s'endormir d'un sommeil hypnotique sur simple demande de sa part.

Pouvoir s'endormir d'un sommeil hypnotique est la condition indispensable pour faire « travailler » le subconscient. Cela vous a déjà été dit, mais c'est volontairement que je le répète (nous savons maintenant que la répétition imprègne le subconscient...) pour que vous l'assimiliez bien, car ceci est la base de mon message, et par conséquent celle même de votre future réussite.

Bien sûr, nous l'avons vu, la répétition et surtout la foi permettent le contact avec le subconscient, mais le plus direct et par conséquent celui qui donne le plus rapidement des résultats est bien l'hypnose.

Le tout est de parvenir à parler à voix haute sans que le sujet endormi (le sommeil naturel) ne se réveille. Lorsqu'il est parvenu à entendre une voix haute sans se réveiller, alors il sera en état d'hypnose.

Pour cela il faut s'approcher sans faire de bruit, pendant que le sujet dort. Vous vous serez au préalable, assurés que la personne a au moins des rudiments de connaissance de l'hypnose.

Après, il ne restera qu'à prononcer, pendant le sommeil la phrase suivante :

- « votre sommeil naturel se transforme en sommeil hypnotique ».

Lorsque vous êtes prêt à passer à l'acte, commencez par répéter cette phrase, tout d'abord d'une façon à peine perceptible, presque pas audible :

- «vous entendez ma voix et vous demeurez endormi, votre sommeil naturel se transforme en sommeil hypnotique. Vous entendez ma voix et vous demeurez endormi... »

Il faut bien sur le répéter des dizaines de fois, en augmentant à chaque fois l'intensité des paroles, pour parvenir au bout de 10 minutes à une phase audible.

Vous voyez qu'il faut une progression relativement lente !

Arrivés à ce stade, vous devrez vous assurer de ce que votre sujet se trouve bien endormi d'un sommeil hypnotique. Par la suggestion suivante :

_ «vous entendez ma voix et vous allez lui obéir. Vous êtes obligés de m'obéir. Je vais compter jusqu'à trois, lorsque j'arriverai à trois, vous lèverez votre bras. Un, deux, trois allez-y, levez-le ! »

Et là si le sujet lève le bras c'est qu'il est bien en transe.

S'il venait à ne pas le faire, c'est que la phrase n'est pas assez fortement prononcée, continuer donc de répéter :

_ « Vous entendez ma voix et vous demeurez endormi. Votre sommeil naturel se transforme en sommeil hypnotique. Vous entendez ma voix et vous demeurez endormi …», en intensifiant votre voix jusqu'à la rendre énergique, puis agissez de même que précédemment.

Après avoir effectuer le contrôle de l'état hypnotique, placez la suggestion :

_ « A chaque fois que vous désirerez vous endormir d'un sommeil hypnotique, il suffira que vous le décrétiez pour qu'automatiquement il se produise ».

Si par contre le sujet s'est réveillé avant que vous n'ayez atteint le stade audible (c'est ce qui se passe le plus souvent) en effet, on a tendance à augmenter d'une façon trop brusque l'intensité de la voix, le remède consiste à noter à quelle hauteur de voix cela s'est produit puis d'étaler ce passage, c'est à dire le rendre moins brusque, il faut absolument que le cerveau ait le temps de s'habituer à cette voix, qu'elle ne vienne pas brusquement mais petit à petit, « mine de rien ».

L'idéal est d'avoir à faire à un hypnotiseur expérimenté, bien sûr. Si cela ne vous est pas possible et que personne ne puisse venir agir sur vous pendant que vous dormez (comme c'est probablement le cas) ne désespérez pas, vous avez encore une autre solution, qui est celle d'avoir recours à l'assistance d'un appareil enregistreur.

Le magnétophone remplacera l'être humain absent, avec l'avantage de ne débiter que ce que vous aurez préalablement enregistré.

Avec l'aide d'une personne physique, il faut faire très attention dans le choix du partenaire, car pendant que vous serez en état de transe hypnotique, elle sera le maître absolu de votre cerveau !

Si vous vous faites assister d'un magnétophone, il faut que ce dernier bénéficie de la possibilité d'au moins une heure d'enregistrement.

Vous le mettrez en marche, juste avant de vous sentir gagner par le sommeil.

En mettant les graves au minimum, vous n'aurez seulement enregistré que du silence et votre voix sur les 20 dernières minutes de la bande, de sorte que les premiers mots parviennent lorsque vous serez déjà endormi.

La phrase est toujours la même :

– « J'entends ma voix et je demeure endormi. Mon sommeil naturel se transforme maintenant en sommeil hypnotique. J'entends ma voix et je. »

Si vous veniez à vous éveiller, agissez comme décrit précédemment.

Vous devrez mettre à la suite de la suggestion initiale la suggestion appropriée comme :

_ « A l'avenir, chaque fois que je désirerai m'endormir d'un sommeil hypnotique il suffira que je le décrète pour qu'automatiquement il se produise ».

Cette phrase va dorénavant agir comme suggestion, à EFFET POST-HYPNOTIQUE et évite tout insuccès quant au résultat a atteindre.

Pour en finir avec le magnétophone, vous pouvez placer ensuite une simple suggestion de vous lever pour l'arrêter puis de retourner vous coucher ou bien vous décrétez le réveil. Mais notez bien que cela n'est nullement indispensable.

Que vous agissiez sous l'influence de produits hypnogènes ou, sous l'influence de la suggestion post - hypnotique ou bien, sans rien du tout, vous devrez toujours vous placer dans les mêmes conditions et franchir les mêmes étapes, pour pratiquer l'auto - hypnose et formuler ainsi vos suggestions.

Vous allez me dire que trouver le sommeil quand on a des soucis cela n est pas toujours évident. Je vous l'accorde mais, personnellement ce temps parfois long avant de m'endormir, je le rends productif.

J'imprègne mon subconscient de ce que j'appelle mon cinéma du soir. Je m'impose la vision animée et vivante de mes objectifs.

Un peu à la manière du sportif qui visualise mentalement son prochain exploit.

Je me repasse le même film jusqn'à ressentir l'émotion qui accompagne le fait d'atteindre l'objectif visé.

Adolescent déjà, mon cinéma à moi se faisait tous les soirs. Mais à cette époque mes objectifs étaient quelques peu orientés vers mes exploits amoureux. Et bien, croyez-moi, lorsque je me voyais concrétiser avec une petite amie que je me représentais mentalement, ça marchait à tous les coups dans la réalité.

Quand Je n'arrivais pas à dérouler mon scenario jusqu'à la conclusion, pendant mes phases de visualisation et que je tentais quand même le coup dans la réalité, et bien à chaque fois je prenais un bide retentissant. Depuis je ne perds plus de temps pour faire aboutir des rêves que je n'ai pas au préalable clairement visualisés jusqu'à leur finalité.

Force est de constater que le subconscient a des possibilités illimitées et qu'il contrôle ce que l'on peut appeler l'état d'esprit. Comme nous savons tous que le bonheur est un état d'esprit, le subconscient contrôle de fait notre bonheur.

Alors nourrissez votre subconscient de positif dans vos visualisations de pré - sommeil !

Vous verrez que le lendemain au réveil, vous remercierez la vie de ce qu'elle vous apporte.

Vous songerez devant votre petit déjeuner à vos réussites de la journée à venir et votre esprit ne s'arrêtera que sur le positif qui vous entoure ou qui vous entourera durant la journée.

Vous laisserez de l'autre côté du mur, construit durant la nuit par votre inconscient, tout ce qui peut vous altérer ou vous démoraliser.

Autrement dit, dès le matin au réveil jetez le négatif hors de votre tête et emplissez la bien vite de belles choses. Vous verrez que rapidement vos journées seront moins contraignantes et que la chance et le bonheur se rapprocheront de vous.

Vous ne l'embrasserez pas le premier jour (le bonheur). Mais il viendra progressivement et indéniablement à votre rencontre.

Foi, répétition, confiance en soi, visualisation positive ne peuvent pas vous conduire à l'échec.

Si vous rencontrez l'échec, des retards, des lenteurs, des ajournements sur votre route, analysez les causes et conditionnez-vous à lutter contre ces causes.

Ne vous découragez surtout pas. Mettez tous vos atouts en batterie et réagissez, soyez réactifs !

Corrigez-vous et revenez sans cesse sur l'ouvrage, cultivez votre persévérance. Toutes idées que le succès doit arriver, si vous le croyez profondément, le fait venir immanquablement tôt ou tard.

EN CONCLUSION

Vous m'avez suivi jusqu'à présent dans mes théories, et je vous en suis très reconnaissant. Mais avant de nous quitter pour peut-être nous retrouver plus tard, je voudrais conclure par l'envie de vous expliquer le bonheur que l'on peut ressentir quand on vit avec l'idée permanente de faire partie des êtres humains.

Vous ressentez une impression de bien-être perpétuel, un immense bonheur vous envahit et vous avez la sensation d'être le SAGE de votre vie.

Vous vivez paisible et sans haine face à ce que le quotidien vous apporte et vous n'avez paradoxalement pas d'envie outrancière !

Vous voyez que le bonheur se résume pour beaucoup à des choses relativement simples.

Vous êtes sans cesse à la découverte du nouveau pour connaître la tentation du meilleur.

Vous êtes à l'écoute de l'autre, des autres, sans cesse l'ensemble de vos capteurs est en fonctionnement, votre cerveau accumule en permanence de nouvelles données et élabore sans répit de nouveaux programmes, votre existence ne vous pose pas de problèmes insolubles.

Depuis mon enfance j'ai sans le savoir mis en application tout ou partie de mes théories, car certains pourraient dire que la vie ne m'avait pas gâter. Mais comme le bourdon je l'ignorais et je vivais quand même.

Sans aucune haine ni agressivité j'ai voulu obtenir ce que je désirais en me répétant sans cesse d'autres l'ont pourquoi pas moi.

J'ai, depuis ce jour, cherché à comprendre les mécanismes qui faisaient que l'on atteint ses objectifs.

J'ai passé beaucoup de temps, durant mes jeunes années, à écouter les anciens, eux qui sont remplis de la richesse de leur vie, et j'ai aussi observé les enfants qui sont les meilleurs commerciaux et le meilleur exemple des êtres qui atteignent leurs objectifs.

En effet, un enfant arrivera toujours à plus ou moins long terme à obtenir ce qu'il souhaite.

Pour l'enfant, tous les moyens sont bons. Je ne dis pas qu'il faille utiliser n'importe quel moyen pour atteindre l'objectif, je dis que simplement un enfant l'atteint de toutes façons.

Le bon moyen pour atteindre l'objectif consiste, lorsque nous sommes adultes responsables, à le définir en fonction du contexte et dans tous les cas à l'obtenir sans perdre de vue le respect des autres.

Je n'ai jamais oublié qu'on ne récolte que ce que l'on sème.

Mon métier de formateur m'a offert la possibilité de côtoyer quasi quotidiennement des personnes d'âges différents, de sexes différents et de tous les milieux sociaux. Ce qui, pour moi, a aussi été un merveilleux enrichissement.

J'ai écrit ce livre pour tenter de mettre des outils à la disposition de ceux qui on la volonté de ne plus dépendre des autres, ceux qui ont l'envie de voir la vie par le coté positif, ceux qui croient que demain peut-être plus beau qu'aujourd'hui.

J'espère humblement que celui qui est habité par la confiance en lui peut simplement croire en la vie.

Mais souvenez-vous quand même que, dans chacun de nous, il y a un être humain qui sommeille.

Ne le laisser pas dormir trop longtemps, il pourrait ne jamais se réveiller ! .

A MEDITER

Sur le chemin de la vie, un enfant marche à petits pas lents. Seul sur cette route il s'en va, les yeux grands ouverts vers le repère de son avenir : la lumière.

Que va - t - il rencontrer durant un si long parcours ?

Personne ne peut le lui dire... sauf l'ancien, le sage, son maître, celui qui a fait le parcours avant lui et qui vient à sa rencontre pour le soutenir de son amour et de son expérience :

- « Moi j'ai le savoir, toi tu as l'énergie. Toi tu peux bien voir et moi je réfléchis. L'union de nos pouvoirs fera que tu avanceras plus vite sur les chemins que je connais déjà, et lorsque fatigué, j'arriverai au bout, je te suivrai encore plus loin pour découvrir avec toi ce que ta connaissance t'aura fait observer. Alors, nous comprendrons ensemble. Et tant que je le pourrai, j'essayerai de te suivre... et quand je m'arrêterai... à toi de faire le choix. Tu pourras continuer seul ou, aller à la rencontre d'un petit être qui marche seul sur la route à petits pas lents les yeux grands ouverts... et là tu verras que seul son sourire saura te faire dire merci à la vie. »

TABLE DES MATIERES

Préface	7
Remerciements	10
Avant-propos	11
Intro	16
Trois univers	40
Le premier de ces univers	42
Le second univers	44
La troisième zone	46
Constat	49
Théorie basée sur l'ordinateur	53
Le hard	56
Le soft	60

N'oubliez pas l'hémisphère droit de votre cerveau	66
La personnalité	82
L'enfance	99
La réflexion, une matière qui s'enseigne tôt	106
L'adolescence	118
L'adulte	133
Ouvrez la porte au bon sens	136
Conseils	146
Réussir c'est agir et non souhaiter	159
Concentrez vous sur vos potentiels et non sur vos limites	164
Consacrez vous à une activité qui vous réussit	166
Il est impératif de se voir comme quelqu'un qui réussit	168
Développez un réseau d'amitiés stimulantes et positives	171
L'optimisme n'est qu'un choix de vie	174
Sachez transformer les échecs en opportunités	177
Concentrez vous sur le possible	179
Prenez des vacances	181

Aider les autres, un acte thérapeutique	**183**
Mesurez votre chance	**185**
Osez vous faire plaisir	**188**
L'éveil de l'être	**190**
Gérer son devenir	**196**
Notre bourdon du cerveau, le subconscient	**201**
Le subconscient	**206**
La répétition	**209**
La foi	**211**
Pour obtenir la foi	**215**
Le plus grand problème	**219**
La solution	**221**
La suggestion post-hypnotique	**224**
Moyens de provoquer l'hypnose	**228**
Comment procéder	**232**
En conclusion	**241**
A méditer	**245**

DU MÊME AUTEUR
(Avec le même éditeur BoD)

- Ce que voit un coeur ce que dit une âme   Mars 2020

- Paroles cherchent musiques pour enchanter   Mai 2020

- La révolte du silence   Réédition

- Avec les mots du peuple   Réédition

- Dans la lumière d'un regard   Sous réserve